mein GARTEN

Bildnachweis: S. 8 oben und unten (Botanica), 11 oben (age fotostock), 11 unten links (Kunst & Scheidulin), 11 unten rechts (Botanica), 13 oben und unten (Nora Frei), 15 oben (Botanica), 19 unten (Botanica), 25 oben (Nora Frei), 48 oben (Garden Picture Library), 48 unten (Oxford Scientific), 52 oben (Garden Picture Library), 53 oben (photolibrary), 63 links (Botanica), 64 links (Strahil Dobrev), 64 Mitte und rechts (Botanica), 76 oben und unten (Garden Picture Library), 81 oben (age fotostock), 89 unten (Robert Knöll), 90 unten links (Herbert Kehrer), 90 unten Mitte (Garden Picture Library), 90 unten rechts (Kerstin Layer), 91 oben (Botanica), 101 (Botanica), 103 oben (Garden Picture Library), 110 oben links und Mitte (Botanica), 110 oben rechts (Harald Lange), 113 (Botanica), 114 oben (Oxford Scientific), 117 oben (Garden Picture Library), 117 unten rechts (Botanica), 118 oben und unten (Nora Frei), 128 unten links (Klaus Hackenberg), 128 unten rechts (Hans Reinhard), 137 unten, 139 unten (Foodpix): mauritius-images; S. 14, 17 links, 21 unten, 23, 35, 37 oben, 51, 63 rechts, 65 oben, 79, 80 oben, 87 unten, 114 unten, 117 unten links, 119 oben, 127, 129 oben, 131 links, 133 unten, 135 unten: Stephan Wieland, Düsseldorf/Cornelis Gollhardt, Köln; S. 25 unten rechts, 27 links, 28, 29 unten, 30 unten, 31 unten, 33 unten, 36 unten, 39 links, 41 unten, 43 unten, 45 unten, 47 unten, 52 unten, 55 links, 56 oben, 57 unten, 58 oben, 59 unten, 60 oben, 61 unten, 65 links, 67 links, 68 oben und unten rechts, 69 unten, 71 unten, 72 oben, 73 links, 74 links, 75 unten, 80 unten, 81 unten links, 83 links, 85 unten, 86, 88 oben, 91 unten links, 93 links, 95 unten, 97 unten, 99 unten, 102, 105 links, 106 oben, 107 unten, 109 unten, 111 unten, 112 links und Mitte, 121 links, 123 unten, 124 oben Mitte und rechts, 125 unten, 134: Bernd Franzen, www.gartenplus.com.
Videograbs hergestellt von openedit, Köln

Bibliografische Information Der Deutschen Bibliothek
Die Deutsche Bibliothek verzeichnet diese Publikation in der Deutschen Nationalbibliografie; detaillierte bibliografische Daten sind im Internet über http://dnb.ddb.de abrufbar.

Mit freundlicher Unterstützung der Produktionsfirma
creatv Fernsehproduktions GmbH
Kontakt zu den Moderatoren Andrea Göpel
und Michael Penners über: www.l-o-m.com und
zum Moderator und Autor des Buches
Bernd Franzen: franzen@gartenplus.com

verlegt durch EGMONT Verlagsgesellschaften mbH,
Gertrudenstraße 30–36, 50667 Köln

Redaktion: Alexandra Panz
Produktion: Susanne Beeh
Coverfoto: mauritius images/Botanica
Einklinkerfoto: Stefan Gregorowius
Umschlaggestaltung, Layout und Satz: Christa Marek, Köln
Druck: Westermann, Zwickau
ISBN 978-3-8025-3608-3

www.vgs.de

ANDREA GÖPEL, BERND FRANZEN UND MICHAEL PENNERS

mein GARTEN

KLEINE GÄRTEN GANZ GROSS

KREATIVE GESTALTUNGSIDEEN – DIE RICHTIGEN PFLANZEN – WASSER UND LICHT – AKZENTE SETZEN

vgs EGMONT

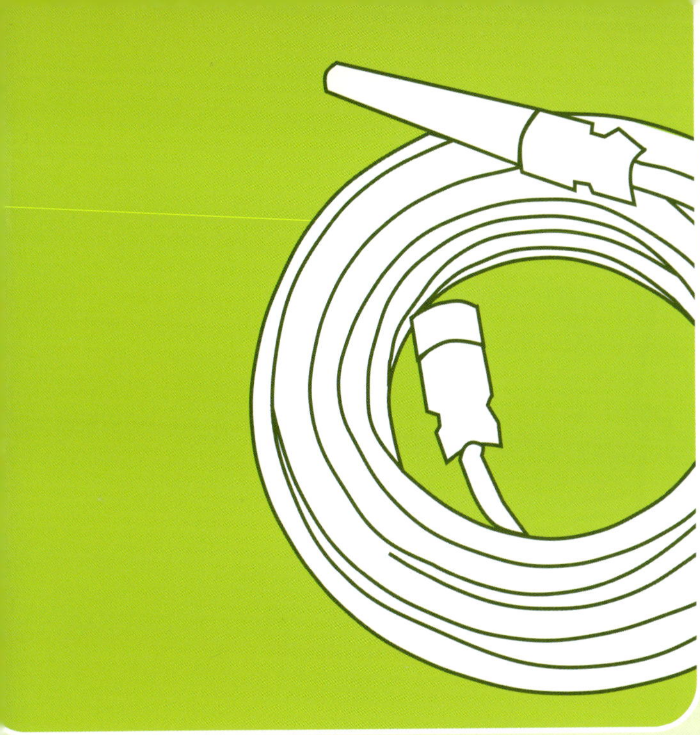

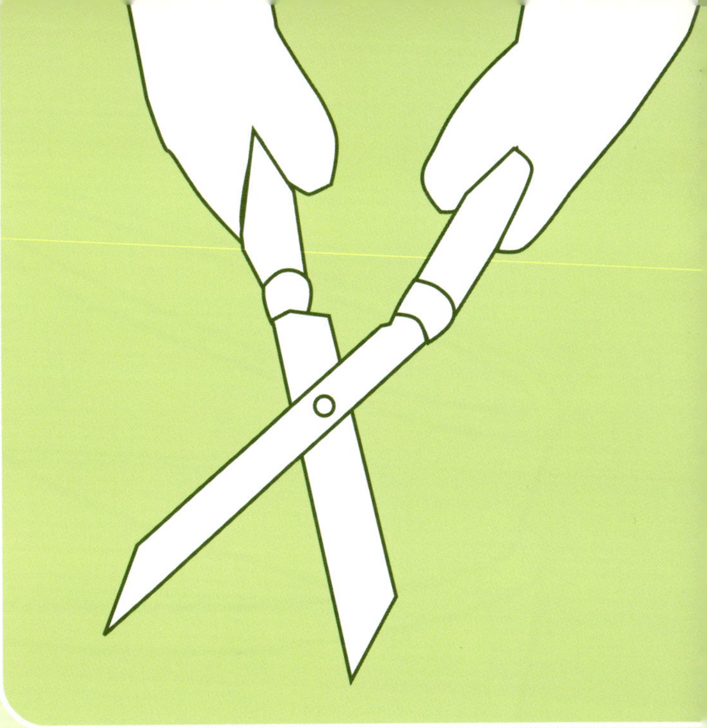

WASSER IST MEHR ALS NUR NASS …

SCHÖNE GARTENTRÄUME, NÜTZLICHE GARTENRÄUME

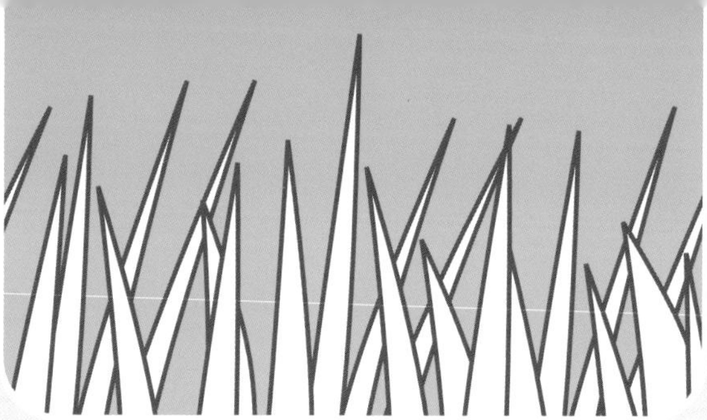

VORWORT

Ein Garten ist eine Erlebniswelt, in der ständig etwas passiert. Blüten kommen und gehen, der Duft der Pflanzen unterliegt einem ständigen Wandel, und unzählige Insekten umschwirren die verschiedenen Blumen, Kräuter und Sträucher. Auch deshalb macht ein Blick durch das Fenster in den Garten oft Lust auf mehr. Denn nur zusehen und genießen ist zu wenig. Man will selber Hand anlegen, gestalten und stolz die Früchte seiner Bemühungen ernten. Ein Garten ist schließlich keine eigenständige Einheit, sondern heutzutage Teil eines Wohnkonzeptes. Genauso wie die Räume im Inneren des Hauses will auch das grüne Zimmer sorgfältig geplant, eingerichtet und gepflegt werden.

Auch hier gilt es, ein harmonisches Gesamtbild zu schaffen, allerdings kommt im Garten noch der Faktor Natur dazu. Ihr Ziel in der Gartengestaltung sollte also die Harmonie von Erde, Pflanze, Tier und Mensch sein. Und dabei spielt die Größe eines Gartens keine Rolle.

Viele Gartenbesitzer haben weniger als 200 Quadratmeter zur Verfügung, auf denen sie sich ihr kleines, aber feines Gartenparadies schaffen können.

Damit auch auf kleiner Fläche ein großer Gartentraum entstehen kann, bedarf es einer guten Planung, etwas Fantasie und vor allem guter Pflanzenkenntnisse.

Mit diesem Buch wollen wir Sie inspirieren, informieren und auf Ihrem Weg zu Ihrem Traumgarten begleiten. Wir wollen Ihnen mit vielen Tipps und Tricks zur Seite stehen und Ihnen behilflich sein, Ihr grünes Zimmer mit Liebe und Geschmack einzurichten. Vor allem aber wollen wir Sie ermutigen, kreativ zu sein. Setzen Sie sich in Ihren Garten, lassen Sie ihn auf sich wirken, und Sie werden sehen, viele Ideen kommen ganz von alleine. Nutzen Sie Ihren Garten als Ausdruck Ihrer Individualität, denn Ihren Garten gestalten Sie für sich, nicht für andere. Schaffen Sie sich Ihr eigenes kleines Naherholungsgebiet.

Der schönste Moment für das „Mein Garten"-Team ist bei jeder Sendung, wenn die Gartenbesitzer ihr neues grünes Zuhause zum ersten Mal sehen. Da läuft es uns auch nach so vielen Folgen noch eiskalt den Rücken hinunter. Schenken auch Sie sich diesen Moment der Freude und des Stolzes über das Geschaffte. Es ist wirklich ein ganz besonderer Augenblick.

Raum ist in den kleinsten Gärten, auch in Ihrem. Lassen Sie sich inspirieren. Viel Spaß.

Andrea Göpel

Kleiner Garten, große Wirkung

Der Traum vom Haus, der Albtraum vom Garten?

Die Anzahl kleiner und kleinster Gärten nimmt ständig zu – jedes Jahr entstehen ca. 180 000 neue Einfamilienhäuser auf kleinen Grundstücken.

Doch je kleiner der Garten ist, desto wichtiger ist es, ihn wohlüberlegt und sorgfältig zu konzipieren, denn Gestaltungsfehler schlagen hier besonders deutlich zu Buche.

Immer wieder stoßen wir auf stolze Hausbesitzer, die sich die eigenen vier Wände sehr schmuck eingerichtet haben, aber den Garten stark vernachlässigen. Oft fehlte die Zeit, das Geld ging aus, oder nach dem mühsamen Umbau der eigenen vier Wände gab es keine Motivation mehr, auch das Grundstück in Angriff zu nehmen. Manchmal ist auch ein Garten angelegt, und die Vorlieben der Besitzer haben sich geändert.

Doch wie geht man bei der Planung eines Gartens vor? Was ist zu tun? Wie holt man das Beste aus seinem eigenen – meist kleinen – Garten heraus? Das ist gar nicht so schwer, denn Potenzial steckt in jedem Garten, ganz sicher auch in Ihrem, und die Umsetzung von Wünschen und Ideen ist kein Buch mit sieben Siegeln.

Denn was ist schöner und bietet mehr Lebensqualität als das Frühstück unter freiem Himmel oder der Feierabend in der Abendsonne. Nun gut, der Milchkaffee in der Ägäis oder der Rotwein an der Ostküste Australiens sind wahrscheinlich nicht zu toppen, doch ein Stück Urlaub kann sich jeder in den Garten zaubern.

Doch gerade ein kleiner Garten muss sehr sorgfältig geplant werden, damit er nicht überfüllt wirkt. Steril soll es aber auch nicht zugehen. Die Lösung: Planen Sie Ihren Garten als weiteres Zimmer des Wohnraumes. Er kann Wohn- und Esszimmer sein, als Spielzimmer dienen, aber auch als Bade- oder Schlafzimmer unter freiem Himmel definiert werden.

Aber was ist eigentlich ein kleiner Garten? Die Bezeichnung „klein" ist natürlich sehr subjektiv, denn im Vergleich zu einem Schlosspark ist das Gartengrundstück eines Einfamilienhauses mit 500 Quadratmetern relativ klein. Doch besonders in parzellierten Baugebieten wäre eine solche Gartengröße geradezu luxuriös. Gartenzimmer und kleine Gärten sollten deshalb als Räume mit etwa 50–200 Quadratmeter Größe verstanden werden, was maximal etwa der Dimension eines Tennisplatzes entspricht.

Erste Planungsgedanken

Weniger subjektiv als mehr individuell fällt die Antwort auf die Frage aus, wer den Garten nutzen will. Insgesamt eine einfach zu beantwortende Frage, der Sie sich zuerst widmen sollten, um möglichst allen, die den Garten genießen wollen, gerecht zu werden.

- → Soll der Garten für regelmäßige Familientreffen ausgelegt werden, oder ist er doch eher der intime Bereich für Sie und Ihren Partner?
- → Muss es ein Freigehege für das hauseigene Kaninchen geben?
- → Oder ist die Rasenfläche der Abenteuerspielplatz für die Kinder?
- → Findet das Familientreffen wöchentlich mit Bratwurst statt, ist eine große Terrasse mit festem Grillplatz ein erster Schritt in die richtige Richtung.
- → Sie verwöhnen sich und Ihren Partner gerne am Wochenende mit einem gemütlichen Abendessen? Dann wird eine geschickt inszenierte Gartenbeleuchtung für die romantische Stimmung sorgen.
- → Möchten Sie Ihr eigenes Gemüse ziehen, oder bevorzugen Sie üppig mit Blumen bepflanzte Beete?
- → Wollen Sie ein Wasserelement in Ihren Garten integrieren? Soll es plätschern oder ist Ihnen ein kleiner Tümpel lieber?

Denken Sie auch unbedingt an praktische Dinge!

- → Ein Stellplatz für die Mülltonnen.
- → Ein trockenes Plätzchen für den Rasenmäher.
- → Vielleicht nehmen die Fahrräder in der Garage zu viel Raum weg?

Stellen Sie eine Liste zusammen, welche Ansprüche Ihr Garten erfüllen soll! Spätestens jetzt wird Ihnen klar, dass auf engem Raum pfiffige, kreative Lösungen zählen, damit möglichst viele Ansprüche unter einen Hut gebracht werden können. Und außerdem soll der Garten ja nicht nur optimal genutzt sein, sondern muss Ihnen vor allem gefallen. Was nützen die Fahrräder gut verstaut im Gartenhaus, wenn Sie sich in Ihren eigenen vier grünen Wänden nicht wohl fühlen.

Doch was ist ein schöner Garten?

Ein schöner Garten ist der, der Ihnen gefällt!

Gefällt Ihnen ein architektonisch schlichtes Wasserbecken mit einer Mini-Seerose als farbliches Highlight? Oder ist der natürlich imitierte Biotop mit den dazugehörigen Libellen Ihr Ding? Mögen Sie eine bunte Blumenwiese, oder stehen Sie mehr auf englischen Rasen? Wollen Sie Ihr eigenes Obst und Gemüse ernten oder im Garten am liebsten nur relaxen?

Diese und andere Fragen können helfen, Ihren Wünschen auf die Spur zu kommen. Ein Gang mit offenen Augen durch die Gärten dieser Welt kann ebenfalls nützlich sein. Auf Gartenschauen und -ausstellungen finden Sie Ideen komprimiert auf engem Raum. Gestaltungsideen können Sie überall entdecken. Beim Nachbarn, bei Freunden, in der Landschaft, im Urlaub – und natürlich in unseren Sendungen. Welcher Garten aus unseren Sendungen war am ehesten IHR Garten?

Womöglich fällt es Ihnen schwer, eigene Vorlieben zu entdecken? Dann versuchen Sie herauszufinden, was Sie gar nicht mögen.

Orientieren Sie sich an Ihrem Einrichtungsstil: Für welche Möbel haben Sie sich im Wohnzimmer entschieden? Sind sie eher verspielt, oder bestechen sie durch eine schlichte Eleganz? Vielleicht finden Sie hier versteckte Hinweise für den Garten Ihrer Träume?

Vervollständigen Sie die Listen, auf denen Sie angefangen haben, die vorherigen Gedanken festzuhalten, damit die Antworten auf Fragen wie: Was möchten wir auf keinen Fall im Garten vermissen? oder Was gefällt uns?, nicht verlorengehen.

Garten und Haus: Einheit oder Kontrast?

Gerade kleine Gärten sind sehr durch die Präsenz des Wohnhauses geprägt. In großen Gärten verliert sich die Architektur des Hauses schon mal in der Weite der Rasenfläche oder ist verdeckt durch die Krone eines großen Baumes. Doch in kleinen Gärten ist das Haus der Bezugspunkt schlechthin.

Sich in der Gartengestaltung an der Architektur des Hauses zu orientieren gewährleistet, dass Haus und Garten eine Einheit werden. Ein Beispiel: Ist die Fassade an der Gartenseite symmetrisch aufgebaut, sind also Fenster- und Türöffnungen an einer Mittelachse ausgerichtet, kann man diese Mittelachse der Fassade auch in den Garten übertragen, um an dieser ebenfalls sämtliche Gartenelemente auszurichten. Diese enge Verknüpfung zwischen Haus und Garten schafft ein konsequentes, stimmiges Gesamtbild.

Grundsätzlich kann man aber auch versuchen, den Garten als Gegenpol zum Haus zu verstehen, und bewusst den Kontrast suchen, was gestalterisch zwar interessant, in der Umsetzung aber deutlich schwieriger ist.

Große Schwünge, keine Schlangenlinien

Geschwungene Beetkanten, die natürliche Landschaftslinien imitieren sollen, können die geraden Hauskanten aufbrechen. Das lässt sich auf großen Flächen auch sehr gut umsetzen, allerdings ist hier eben die Großzügigkeit entscheidend. Allzu kleine Schwünge, die eher die Tendenz zur Schlangenlinie haben, wirken schnell kitschig und sind das Sinnbild von Inkonsequenz. Ganz nach dem Motto: Kein Platz für großzügige Landschaftslinien, aber keinen Mut zur geraden Beetkante.

Zuerst das Papier, dann der Spaten

Um einen Eindruck von Ihrem neuen Garten zu bekommen, ist es gut, das Ganze einmal aufzuzeichnen. Damit

die Proportionen stimmen, brauchen Sie einen maßstabsgetreuen Grundlagenplan. In der Regel kann Ihnen ein Auszug des Grundstücksplanes, erstellt vom Katasteramt der Gemeinde, helfen. Vergrößern Sie die Darstellung so, dass im Grundlagenplan 1 Zentimeter auf dem Papier 1 Meter im Garten entspricht – damit hat er einen Maßstab von 1:100. Überprüfen Sie die Maße von Haus und Garage und ergänzen Sie Öffnungen von Türen und Fenstern im Plan. In der Regel können Sie dem Grundstücksplan vom Katasteramt auch die Himmelsrichtung entnehmen. Das ist einmal wichtig, um zu entscheiden, welche Pflanzen sich für welchen Standort eignen, zum anderen ist es aber auch schön zu wissen, wo Osten ist, wenn Sie eine Frühstücksecke planen, oder um zu entscheiden, in welcher Ecke des Gartens die Abendsonne auch im Herbst noch gemütlich wärmt.

Im Grundlagenplan sollten Sie bereits vorhandene, fest zu integrierende Bestandteile des Gartens einzeichnen und damit fixieren. Auf die Eiche, die zur Geburt der ersten Tochter gepflanzt wurde, können Sie auf keinen Fall verzichten. Messen Sie mit dem Maßband die Abstände des Stammmittelpunktes zu den Grundstücksgrenzen aus und übertragen Sie die Maße in den Grundlagenplan. Das Gleiche gilt für die alte Klinkermauer, die schön blühenden Rhododendren oder die Größe der vorhandenen Terrasse, die sich seit Jahr und Tag bewährt hat. Übertragen Sie also alle Elemente, die unbedingt erhalten bleiben sollen, in den Plan.

Ist der Grundlagenplan des Katasteramtes in den Untiefen der Häuserakten nicht mehr aufzufinden oder liegt er einfach zu weit unten im Umzugskarton, nehmen Sie Zollstock und Maßband zur Hand. Den Grundriss des Gartens selber abzugreifen ist auch kein Hexenwerk.

Jetzt darf der Bleistift gespitzt werden!

Versuchen Sie, Ihre Gedanken und Ideen auf das Grundlagenpapier zu übertragen. Und sparen Sie nicht am Papier. Skizzieren Sie mehrere Varianten, bis sich eine Lösung mehr und mehr herauskristallisiert. Tipp: Nehmen Sie Transparentpapier und legen Sie dieses über den Grundlagenplan. Denn es wäre doch schade, wenn der Plan durch die kreativ gezeichneten Ergüsse irgendwann nicht mehr lesbar wäre.

Sind Sie nun noch unsicher oder finden bei unterschiedlichen Ansätzen einfach keine Kompromisse, scheuen Sie nicht davor zurück, einen Fachmann um Rat zu fragen. Intensive Gartenberatung ist als Dienstleistung entweder bei einem Landschaftsgärtner oder einem Gartenarchitekten in Ihrer Nähe zu bekommen und ganz gewiss eine sinnvolle Investition. Denn nichts ist unbefriedigender, als Energie und Geld in den Garten zu stecken, um am Ende festzustellen, dass doch alles irgendwie nicht zusammenpasst.

Gartenschlauch, Stöcke und Küchentisch helfen

Nun zeigt die Erfahrung, dass Dimensionen auf dem Papier ganz anders interpretiert werden, als Sie tatsächlich in der Realität wirken. Deswegen sollten Sie die Ideen so anschaulich wie möglich vor Baubeginn vom Papier in den Garten übertragen. Stecken Sie gezeichnete Flächen mit Stöcken ab. Stellen Sie Wasserkästen aneinander, um eine Mauer zu symbolisieren. Ein Gartenschlauch kann helfen, die geschwungene Beetkante in den Garten zu projizieren. Haben Sie noch keine Gartenmöbel? Stellen Sie Küchentisch und Stühle auf die vorgesehene Terrassenfläche!

Es ist keine Seltenheit, wenn Sie jetzt feststellen, dass die gezeichnete Terrassengröße doch noch nicht ausreicht, um die ganze Familie zum gemeinsamen Essen einzuladen. Je konkreter Sie das Gartenbild in Ihrem Kopf und auf dem Papier entwickelt haben, desto konstruktiver und preiswerter lässt sich Ihr Traumgarten inszenieren.

Stellt sich heraus, dass Sie ein Fan von japanischen Gärten sind, ist gerade in kleinen Gärten eine Gestaltung aus Kies, Findlingen, Wasser und Pflanzen sehr attraktiv. Eine größere Wasserfläche strahlt die asiatische Ruhe aus und ersetzt Rasen, der in kleinen Gärten nicht absolut tabu sein muss, sich aber in Kombination mit einem Teich auf engem Raum kaum verwirklichen lässt. Wollen Sie neben dem Rasen keinesfalls auf Wasser verzichten, ist ein Wasserbecken, das auch in kleiner Dimension eine fantastische Ausstrahlung hat, die Alternative für Sie. Es wird als zentrales Element ein Highlight in einem eher geradlinigen, modernen Garten sein. Hier könnten Heckenelemente, die nicht allzu hoch werden sollten, gerade Kanten betonen und eine einheitliche Bepflanzung für schlichte, aber niemals bunte Farbakzente sorgen. Während das Wasserbecken im modernen Garten beispielsweise mit Edelstahl eingefasst sein kann, wird es in einem kleinen, mediterranen Innenhof durch Mauersteine in warmen Farbtönen definiert. Ob mediterran, modern oder japanisch: Achten Sie auf die Pflanzenwahl! Bäume wie Eiche, Buche, Ahorn, vor allem aber auch die meisten Fichten, Tannen, Zedern gehören nicht in kleine Gärten. Zu große Pflanzen wachsen Ihnen im wahrsten Sinne des Wortes über den Kopf. Doch selbst hier reagieren die Pflanzenzüchter auf den wenig zur Verfügung stehenden Raum: Japanischer Fächerahorn, schirmartig oder aufrecht wachsend, gehört unbedingt in einen kleinen japanischen Garten. Buchen und Eichen gibt es auch als schlanke Säulen, die entsprechend wenig Platz brauchen, und selbst die Nadelgehölze können als schirmartige, hängende Züchtungen – hier wachsen die Äste vom Stamm aus überhängend von oben nach unten – schöne immergrüne Blickpunkte im kleinen Garten werden.

Ein symmetrischer Dreiecksgarten

Ein sehr enger Gartenraum und viele Wünsche, die verwirklicht werden sollen. Rasen ja oder nein? Ein runder Sitzplatz in der Abendsonne oder doch lieber quadratisch? Kann dieser schlauchartige Garten größer erscheinen, als er eigentlich ist? Gerade in kleinen, engen Gärten kann Ihnen das Haus bei der Gestaltung helfen! Eine Einheit von Haus und Garten verleiht dem Garten eine optische Wirkung, die immer gut, weil harmonisch aussieht. Aber natürlich darf es auch nicht zu nüchtern sein: quadratisch, praktisch, gut? Im Garten? Nein danke! Die Lösung: Die schräge Wand, die das Wohnzimmer von der Küche trennt, wurde im 45-Grad-Winkel zu den übrigen Grundrissmauern geplant und auch so gebaut. Dieser Winkel ersetzt im Garten fremd wirkende Schlangenlinien, wobei geradkantige Flächenformen entstehen, die alles andere als langweilig sind ...

← VORHER:

Diese Familie hat sich den Traum vom eigenen Heim verwirklicht, sieht sich aber hinterm Haus einem Garten-Waterloo ausgesetzt. Baustellenambiente und keine Idee, wie auf diesem engen Raum ein Hauch von Gemütlichkeit geschaffen werden kann. Man mochte nicht entscheiden, was schlimmer war: die Blicke aus dem Badezimmer des Nachbarhauses oder die Blicke in das Badezimmer des Nachbarhauses. Eines steht fest, ein schöner Sichtschutz muss auf jeden Fall her. Ein mit nur 7 Metern Tiefe sehr schmaler Gartenraum macht die Aufgabe nicht leichter.

→ NACHHER:

Die Kombination aus hellem Lärchenholz und mittelgrauen Betonsteinplatten verleiht der für diese Grundstücksgröße großzügigen Terrassenfläche die nötige Lebendigkeit. Der Holzrahmen umschließt die Plattenfläche und ist mehr als nur ein Gestaltungsmittel: An der zum Rasen gewandten Terrassenkante wird aus dem einrahmenden Holzboden eine Holzfläche, angehoben auf ca. 50 Zentimeter Sitzhöhe, die nicht nur Platz am großen Terrassentisch, sondern auch eine Sitzmöglichkeit in unmittelbarer Nähe zum Quellstein bietet.

Der Quellstein liegt in der Mittelachse des Gartens und ist der Blickfang schlechthin. Damit er auch von der Wohnung aus zu sehen ist, ist er in einem Hochbeet positioniert. Und hier wurde noch ein Gestaltungselement des Hauses aufgegriffen: Die Dreiecksform des Steines spiegelt die Form des Dachfensters wider.

PLAN – WÜNSCHE

Eine große Terrasse soll es werden. Platz genug, um mit acht Personen sitzen zu können. Was zum Plätschern darf auch nicht fehlen. Und dann hatten die Eltern noch die beiden Deckchairs aus Teak-Holz, die schon im alten Garten keinen geeigneten Fleck gefunden hatten. Das soll sich ändern. Ihre Begeisterung für die Rosamunde-Pilcher-Landschaften verriet einen Hang zur Romantik: rosa blühende Rosenteppiche, die die Beetkanten überwachsen, kombiniert mit Lavendel-Blau werden der Familie gefallen.

Des Rätsels Lösung: 45-Grad-Winkel!

Das Gartenbild besticht durch seine konsequent im 45-Grad-Winkel angeordneten Formen, die ein stimmiges Bild ergeben und trotz aller Geradlinigkeit einen interessanten und lebhaften Gesamteindruck hinterlassen. Ein weiterer Vorteil: Durch die 45-Grad-Winkel wirkt der Garten wesentlich tiefer, als er in Wirklichkeit ist. Veranschaulichen Sie sich das an einem gezeichneten Quadrat. Die Kantenlängen sind kürzer als die Diagonalen. Werden also die Blicke der Betrachter im Garten entlang dieser längeren Diagonalen geführt, erscheint der Garten größer.

Logische Konsequenz ist, auch den schlichten grauen Plattenbelag für die Terrasse diagonal zu verlegen. Das bedeutet zwar einen gewissen Mehraufwand beim Plattenzuschnitt, aber das perfekte Ergebnis belohnt die Mühe. Auch hier stehen Haus und Garten im Einklang, denn auch die Wohnzimmerfliesen sind mittelgrau und wurden diagonal verlegt. Der auf der Terrasse fortlaufende Fugenverlauf vergrößert nun bei geöffneten Fenstern optisch sogar das Wohnzimmer.

Gartenidee: www.gartenplus.com

Die Beeteinfassungen ...

... bestehen aus Holzpalisaden.

Tipp:

Bäume richtig pflanzen: *Nachdem Sie die Qualität des Baumes durch den Kauf in einer Baumschule gesichert haben, sollten Sie nun die idealen Lebensbedingungen für das Gehölz schaffen. Die Sonnenausrichtung und Bodenbeschaffenheiten hängen sehr individuell von dem zu pflanzenden Objekt ab und sollten unbedingt eingehalten werden.*

Sowohl die Sitzbank in unmittelbarer Terrassennähe als auch der höher liegende Quellstein bieten Ansichtsflächen und bilden somit Vorder- bzw. Hintergründe, was dem Garten mehr Tiefe verleiht.

Vordergründe schaffen. Perspektivische Tiefe erzeugen

Das ist ein wichtiges Prinzip, das nicht nur beim Fotografieren, sondern auch in der Gartengestaltung gilt. In diesem Garten geschieht dies durch die Sitzbank und den Quellstein, eine weitere Möglichkeit wäre ein bepflanztes Hochbeet.

Eine Ansichtsfläche von beispielsweise 50 Zentimeter Höhe direkt an der Terrassenkante schafft einen Vordergrund beim Blick in den restlichen Gartenteil und erzeugt darüber hinaus ein Raumgefühl auf der Terrasse. Eine wichtige Voraussetzung dafür, sich unter freiem Himmel wohlzufühlen, denn nichts ist schlimmer, als auf dem so genannten Präsentierteller zu sitzen.

Außerdem gliedern vertikale Elemente, wie ein bepflanztes Hochbeet, den Gartenraum. Man erahnt den dahinterliegenden restlichen Gartenteil, überschaut ihn aber nicht auf einen Blick. Beachten Sie bei der Pflanzenwahl, dass die einzelnen Gehölze nicht zu groß werden. Allzu üppige Pflanzen engen viel zu sehr ein und erzeugen ein ungutes Gefühl.

Selbst die geringe Ansichtsfläche einer Stufe von nur 15 Zentimeter Höhe verleiht der tiefer liegenden Terrasse eine gewisse Gemütlichkeit, wenn auch keinen Sichtschutz. Der höher liegende Rasen wirkt exponierter und dadurch erhabener.

Optische Täuschung nutzen!

Perspektivisch gesehen werden Flächen immer kleiner, je näher sie dem Horizont liegen, auch wenn sie gleich groß sind. Ein Quadrat von gleicher Größe wirkt im Vordergrund des Gartens deutlich größer als weiter hinten. Ein Beispiel, dies auszunutzen: Drei quadratische Quellsteine, die nicht nur perspektivisch, sondern auch faktisch immer kleiner werden, je weiter hinten sie im Garten positioniert sind. Der vorderste hat eine Kantenlänge von 100 Zentimeter, der hintere von nur noch 70 Zentimeter. Die perspektivische Wirkung wird damit nochmals verstärkt, und der Garten wirkt größer, als er eigentlich ist.

Spieglein, Spieglein an der Wand

Sehr effektiv ist ein im Garten angebrachter Spiegel, der die Fläche, die davor liegt, scheinbar verdoppelt und so den Anschein vermittelt, dass der Garten noch nicht an seine Grenzen stößt. Achten Sie dabei jedoch darauf, dass Sie den Spiegel so anbringen, dass er dem Nachbarn nicht den freien Blick in Ihr Schlafzimmer ermöglicht.

Der Hingucker in diesem Garten …

… ist der erhöhte Quellstein.

Tipp:

*Eine sehr effektive Pflanzenschutzmaßnahme ist es, auf so genannte ADR-Rosen zurückzugreifen. **A**llgemeine **D**eutsche **R**osenneuheitenprüfung ist quasi ein Rosen-TÜV, der die Züchtungen unter anderem auf Widerstandsfähigkeit überprüft. Achten Sie also auf das ADR-Gütesiegel und die Pilzgefahr ist bei idealem Standort im Keim erstickt.*

Die Sorte „Cantario" ist eine bekannte ADR-Beetrose, die mit 60 Zentimeter Höhe im Kübel nicht zu üppig für kleine Terrassen wird und mit ihren leuchtend roten Blüten während des Sommers farbliche Akzente setzt.

Für einen Sichtschutz gibt es viele Möglichkeiten.

Wir haben uns hier für Lärchenholz entschieden.

Tipp:

Holz als Sichtschutz: *Jeder Gartenbesitzer wünscht sich entlang der Grundstücksgrenze zum Nachbarn aus Gründen der Privatsphäre einen Sichtschutz. Doch wer die Wahl hat, hat die Qual. Ein schönes Element dafür ist Holz, und hier besonders Lärchenholz. Die Lärche ist sehr harzig und deshalb gut für Außenbereiche geeignet. Achten Sie darauf, nur Edelstahlschrauben zu verwenden, denn verzinkte Schauben haben in Lärchenholz nur eine geringe Lebensdauer. Ein sehr schönes Muster erreichen Sie, wenn Sie oben ein Dreieck aus dem Brett ausschneiden, das mit dem Dreieck des Nachbarbrettes bei der Montage eine Raute ergibt. Jetzt noch anstreichen und fertig ist ein echter Hingucker* *(siehe Seite 135).*

Auch die beiden Deckchairs haben ihren Platz gefunden. Auf einem Holzdeck laden sie zum Lesen und Ausruhen ein. Wohlfühlen ist garantiert durch den warmen Holzboden und das schattenspendende Blätterdach des Ginkgobaumes, der auch die Ein- und Ausblicke in Nachbars Badezimmer unterbindet.
Achten Sie darauf, dass Sie kein weibliches Exemplar des Ginkgo erwischen. Denn das hat trotz allem femininen Charme die Unart, nicht gerade angenehm zu riechen. Der weibliche Ginkgo trägt Früchte, die den Geruch von Buttersäure verströmen.

Die Sorte „Elswijk" ist mit ihrer nicht allzu ausladenden Krone besonders gut für kleine Gärten geeignet. Natürlich trägt diese Sorte keine Früchte.

Schon nach einigen Vegetationsperioden wird die Krone des Baumes die Blicke aus Nachbars Badezimmer verdecken und somit den gewünschten Sichtschutz bewirken.

BEACHTEN SIE BEIM PFLANZEN:

→ Das Pflanzloch etwa eineinhalbmal so groß wie der Wurzelballen des Baumes ausheben.

→ Unbedingt daran denken, die Bodensohle des Pflanzloches aufzulockern, damit keine Staunässe entsteht und Wasser ablaufen kann.

Zu viel Wasser ist für die meisten Pflanzen nämlich genauso schädlich wie zu wenig.

→ Nach dem Verfüllen des Pflanzloches mit entsprechend aufbereitetem Boden muss die Erde mit der Fußsohle gut angetreten werden, damit die Wurzeln unmittelbaren Anschluss an die neue Erdumgebung bekommen.

→ Und: Wässern nicht vergessen!

Unbeobachtet im eigenen Garten: Sichtschutz!

Ein- bzw. Ausblicke in bzw. aus dem Garten durch Pflanzen zu unterbrechen ist die variabelste Möglichkeit, Sichtschutz zu schaffen. Blütenfarbe, Größe, Blattform: Alles sollte man individuell auf den speziellen Gartenstil und die gegebene Gartengröße abstimmen. Pedantisch geschnittene Eibenhecken wachsen langsam, sind aber als „immergrüne Mauer" in modernen, geradlinigen Gärten sehr willkommen. Ausladende, frei fallende Bambusgräser sind ebenfalls für moderne Gärten gut geeignet und aus japanischen kaum wegzudenken. In einem mediterranen Ambiente überzeugt die kompakte Wuchsform der Glanzmispel mehr. Pflanzlicher Sichtschutz, sei es nun als Hecke oder einzeln gepflanzt, muss in der Regel erst einige Vegetationsperioden wachsen, bevor er den gewünschten Effekt erzielt.

Haben Sie keine Geduld, auf das Wachsen der Pflanzen zu warten, helfen bei entsprechender Investition

Versuchen Sie es doch mal mit Weiß.

Mit diesem Filzputz geht es ganz einfach.

Tipp:

Ganz in Weiß ... *In südeuropäischen Ländern findet man oft weiß getünchte Mauern. Um dieses Ambiente in Ihren Garten zu zaubern, nutzen Sie Filzputz. Dieser ist leicht zu verarbeiten und schon in der Farbe Weiß erhältlich.*

größere Pflanzen oder eine fertig begrünte Efeuwand. Diesen dicht gewachsenen, immergrünen Sichtschutz gibt es im Fachhandel als Hecke am laufenden Meter. Hier werden Efeuranken an einem verzinkten Stahlgeflecht vorgezüchtet, fertig gewachsen in den Garten gepflanzt und an Zaunpfosten aus Holz oder Stahl montiert. Regelmäßiger Rückschnitt der Efeuranken hält die Sichtschutzwand schmal und erfreut den Nachbarn (siehe Seite 128).

Sichtschutzwände aus Holz gibt es in jedem Baufachzentrum. Hier gibt es eine große Vielfalt an Design und Holzart. Haben Sie sich jedoch für eine Holzterrasse entschieden, ist von Holzsichtschutzelementen in unmittelbarer Nähe abzuraten, da die Kanten der horizontalen Fläche, des Bodens, mit denen der vertikalen, des Sichtschutzelements, verschwimmen, wodurch ein Einheitsbrei aus Holz entsteht, der erschlagend und langweilig wirkt.

In Kombination mit anderen Materialien, wie z. B. einer Mauer, kommt eine Holzterrasse viel besser zur Geltung.

Mögen Sie es ein wenig uriger, dann entscheiden Sie sich doch für einen Weidenzaun als Sichtschutz. Dieser sieht sehr schön aus, ist zudem preisgünstig erhältlich und leicht anzubringen. Damit der Weidenzaun keinen direkten Kontakt zur Erde hat, sollten Sie ihn in Pfostenschuhen montieren. Besonders praktisch sind solche, deren Kopf verstellbar ist, sodass Sie die Pfosten leicht und gerade aufstellen können.

Eine Mauer ist mehr als nur Sichtschutz

Bauliche Elemente wie Mauern – verputzt, aus Sichtbeton oder Klinkersteinen – vermitteln nicht nur das bereits erwähnte Raumgefühl, sondern reduzieren auch die Gesprächslautstärke der Nachbarterrasse. Darüber hinaus kann man hier farbliche Akzente setzen. Mit einem bordeauxroten Anstrich wird die Mauer auch in den blasseren Wintermonaten ein Blickfang. Sicherlich muss die Farbe im Laufe der Jahre immer wieder mal aufgefrischt werden, was einerseits einen gewissen Pflegeaufwand verursacht, andererseits aber auch mal einen Farbwechsel zulässt.

Bei einer Mauer handelt es sich um ein statisches Bauwerk, das ein entsprechendes Fundament braucht. Eine frostfreie Tiefe von 80 Zentimeter gewährleistet, dass die Mauer auch lange nach ihrem Bau immer noch durch ihren raumbildenden Charakter auffällt und nicht durch ihre unzähligen Risse bauliche Schlampereien verrät. Mehr zum Bau einer Mauer finden Sie auf Seite 28ff.

Rosafarbene Bodendeckerrosen stehen mit ihren langanhaltenden Blütenteppichen im Kontrast zur schlichten Eleganz von Buchsbaumhecken, die die Formen verstärken und Ruhe ausstrahlen.

Die Rose „The Fairy" ist eine sehr etablierte Sorte, die durch ihre Blühfreudigkeit besticht und relativ resistent gegen Pilzkrankheiten ist. Sie wird nicht höher als 40 Zentimeter und kann auch an halbschattigeren Standorten gut gedeihen. Sehr schön macht sie sich an Mauerkronen, an denen sie, von oben herabhängend, attraktive Farbakzente setzen kann.

Drei bis fünf Pflanzen auf einen Quadratmeter gepflanzt, bedeckt die Rose den Boden relativ schnell und unterdrückt damit das Unkrautwachstum.

Aufkommende Unkräuter zwischen den dornigen Ästen zu jäten ist allerdings kein Vergnügen. Keinesfalls auf Handschuhe verzichten!

Passend zu den gepflanzten Rosen sind verstreute Rosenblätter eine willkommene Komplettierung des Ambientes. In Kombination mit den Gartenaccessoires, wie kleine steinerne Pflanzgefäße und Kerzen soweit das Auge reicht, versprühen sie Romantik pur. Gerade bei der Dekoration des Gartens durch Kübel, Accessoires und Möbel ist es wichtig, die Grundidee der Gartengestaltung konsequent weiterzuverfolgen. Erst dann wird der Garten zum traumhaften Gesamtwerk.

Ein besonderer Hingucker sind mit Rosenblätter dekorierte Windlichter: Dazu nehmen Sie einfach zwei Vasen in verschiedenen Größen und stecken diese ineinander. Nun füllen Sie den Zwischenraum der beiden Vasen mit Blütenblättern. Schaschlikspieße helfen hier beim Platzieren. Zu guter Letzt eine Kerze in die kleinere Vase und fertig ist ein Windlicht für romantische Sommernächte.

Mit Rosenblättern …

… lassen sich wunderschöne Dekorationen zaubern.

Tipp:

Mit Rosenblättern dekorieren: *Bestellen Sie diese ungefähr eine Woche, bevor Sie sie brauchen, bei Ihrem Floristen. Der sammelt sie dann und hält sie kühl, bis Sie sie abholen. Kostenpunkt: zwischen 5 und 10 Euro.*

Der mediterrane Innenhof für den Urlaub zu Hause

„Ein Hof ist ein von Gebäuden oder Mauern umgebener und dadurch geschützter Bereich eines Gebäudes." „Man unterscheidet je nach Lage und Funktion verschiedene Höfe: Ein Innenhof ist ein nach außen hin, meist durch Häuser, abgegrenzter Raum." „In der spanischen und italienischen Stadtarchitektur werden Innenhöfe auch Patio genannt."

Solche oder ähnliche Definitionen des Innenhofes sind in den Lexika dieser Welt zu finden. Der Hinweis auf die mediterrane Stadtarchitektur verrät schon die Affinität zwischen Innenhofatmosphäre und mediterraner Gartengestaltung. 2000 Kilometer nördlich von Rom lädt das „Mein Garten"-Team zu einem Kurztrip ans Mittelmeer ein ...

← VORHER:

Dieser Garten hat seine besten Jahre wahrlich hinter sich. Die Terrasse hat zwar eine sehr angenehme Größe, der Bodenbelag versetzt des Betrachters Auge allerdings zurück in die Zeiten der neuen deutschen Welle Anfang der 80er Jahre. Pflanzliches Highlight in der trostlosen Fläche ist ein abgesägter Birkenstamm, der wie ein Mahnmal inmitten der Steinwüste an das Vergangene erinnert. Die angrenzende, ehemalige Rasenfläche ist eine gelungene Komposition aus Nichts, Moos und Brennnesseln. Eher zum Weglaufen als zum Wohlfühlen, wobei wenigstens die bereits renovierte Fassade des Bungalows erste atmosphärische Wärme ausstrahlt.

→ NACHHER:

Nachdem die ökologische Erziehungsperiode, geprägt durch Brennnessel und nackten Gartenboden, der Vergangenheit angehört, können die beiden kleinen Kinder der Familie nun ihren Spieltrieb in einem geräumigen Sandkasten ausleben. Darüber hinaus sorgt ein Planschbecken mit installierter Wasserrutsche für erfrischenden Spaß im Sommer.

Aber nicht nur die Kinder kommen auf ihre Kosten:

Den Eltern offenbart sich hinter dem großen Wohnzimmerfenster des Bungalows wahres Urlaubsfeeling. Die umliegenden Mauern hat sich das „Mein Garten"-Team zunutze gemacht, um die glücklichen Besitzer mit einem mediterranen Innenhof der ganz besonderen Art zu verzaubern.

Eine neue Terrasse, die nach wie vor sehr großzügig ist, erstrahlt in ihren warmen Farbtönen der Holz- und Steinoberflächen. Umrahmt wird dieses Ess- und Wohnzimmer im Freien durch Pflanzen, die ursprünglich im Mittelmeerraum beheimatet sind. Teilweise in höher liegende Beete gepflanzt, entschärfen sie optisch die bauliche Schwere der umgebenden Mauern.

PLAN – WÜNSCHE

Für die Kinder soll es sein, eine Rutsche wird gewünscht. Der große Traum des Hausherrn ist ein Holzdeck, um wie im Urlaub draußen gemütlich zu frühstücken. Der Garten sollte also ein Domizil für einen Urlaub zu Hause werden. Passend zur bereits gestrichenen Hausfassade im warmen Sandton und angelehnt an frühere Ferienerinnerungen, drängt sich eine mediterrane Gartengestaltung förmlich auf.

Eine Palme erinnert an den Caipirinha des letzten Sommerurlaubs, und der Olivenbaum als zentrales Highlight im Innenhof rundet in Kombination mit den schönen Natursteinmauern das Gesamtbild perfekt ab.

Natursteinmauer mit italienischem Flair

Natursteinmauern aus italienisch stämmigem Material – es handelt sich um Kalkstein mit dem sonnigen Namen „Gia Loro" – passen ausgezeichnet in die mediterrane Gartengestaltung dieses Innenhofes.

Es gibt zwar aus unseren heimischen Abbaugebieten auch sehr schöne Natursteinmaterialien, aber für einen perfekten Garten ist nichts wichtiger als auf das Thema abgestimmtes Material. So würde zum Beispiel ein chinesischer Granit niemals als Bodenbelag für die Terrasse in diesem Garten in Frage kommen.

Die Farbakzente der angelegten niedrigen Mauern reflektieren die Wärme der Sonne und passen durch die unregelmäßige Größe der einzelnen Steine ausgezeichnet in das ungezwungene Bild Südeuropas.

Gartenidee: www.gartenplus.com

Tipp:

Ein sehr wichtiger Grundsatz der Gartengestaltung ist die konsequente Umsetzung der Ideen. Lässt Ihr Umfeld eine mediterrane Gestaltung zu und entscheiden Sie sich ganz bewusst für eine solche Inszenierung Ihres Wohnumfeldes, dann stimmen Sie die Gestaltung bis ins letzte Detail auf dieses Gartenthema ab.

Steinmaterialien in warmen Farbtönen sind hier ebenso angesagt wie entsprechende Pflanzen aus dem Mittelmeerraum.

Verzinkte, mit schlichten Gräsern bepflanzte Kübel sollten auf der Terrasse eher tabu sein. Bevorzugen Sie den üppig blühenden Oleander im großen Terrakottagefäß. Selbst die Gartenmöbel und die Dekorationen runden erst dann das Bild ab, wenn sie auf das Thema abgestimmt sind.

Doch Achtung! Disziplinieren Sie sich: Selbst wenn Sie ein noch so großer Italien-Fan sind. Im Umfeld eines Einfamilienhauses im typischen Schwarzwald-Look wirkt das Zitronenbäumchen eher fehl am Platz.

Bei der Wahl der Steine müssen Sie allerdings aufpassen, denn zu unregelmäßig gebrochene Mauersteine sind nicht geeignet.

Alles Kalkstein oder was?

Alternativ zum „Gia Loro" gibt es noch einige andere Natursteinmaterialien, meistens auch aus Kalkstein, die für einen Einsatz im mediterranen Umfeld in Frage kommen. Muschelkalk oder Dolomit sind bekanntere Bezeichnungen für sehr helle Natursteine. Als Bodenbelag ist Travertin ein Begriff. Die unterschiedlichsten Bezeichnungen der Kalksteinarten liegen in den unendlich vielen Materialabweichungen begründet.

Kalkstein wurde ursprünglich im Wasser unter chemischen und biologischen Einflüssen gebildet. Darin begründet sich auch die Bezeichnung Muschelkalk, da Muschelreste große Bestandteile des Gesteins bilden. Dass Kalkstein in unterschiedlichen Regionen und auch in verschiedenen Erdaltern entstanden ist, erklärt die Vielzahl der Färbungen und Zeichnungen.

Dieser Kalkstein besticht durch seine rötliche Grundfarbe, die im Kontrast zu den hellen Zeichnungen steht. Ein wunderschöner Mauerstein, der in Kombination mit einer Holzterrasse exzellente Akzente im Garten setzt.

Bau einer Natursteinmauer

Hell oder dunkel? Große oder kleine Steine? Mediterran oder nicht?

Einen mediterranen Charakter hat auch die Art des Bauens einer solchen Natursteinmauer. Weder Beton noch Mörtel – so lautet die Devise!

Die Verarbeitung der Materialien ohne Beton verleiht dieser Mauerart auch die Bezeichnung Trockenmauer. Die Steine werden trocken, ohne Zugabe von Wasser, verarbeitet. Die natürliche Ausstrahlung von tonnenschweren Findlingen in großen Gärten übernimmt in kleineren Gärten jeder einzelne kleine Trockenmauerstein.

An dieser Stelle soll nicht verschwiegen werden, dass nicht jede Natursteinmauervariante ohne Mörtel bzw. Baukleber auskommt. Sobald das Mauerwerk eine Regelmäßigkeit oder ein festes Fugenbild aufweist, also ein statisches Mauerwerk entsteht, ist nicht nur Mörtel oder Baukleber zwischen den einzelnen Mauersteinen erforderlich, sondern auch ein dem statischen Mauerwerk entsprechendes Fundament.

Ohne Betonfundament

Genau auf diese aufwändigen Fundamentarbeiten kann man beim Bau einer Trockenmauer verzichten. Hier handelt es sich nämlich um ein dynamisches, also kein statisches, Mauerwerk das bei Temperaturschwankungen oder durch Frost erzeugte Bodenbewegungen beweglich bleibt. Leichte Setzungen oder Anhebungen des Bauwerks sind im unregelmäßigen Fugenbild nicht sichtbar. Bei einem statischen Mauerwerk verraten dagegen Risse in den Mörtelfugen die baulichen Mängel der Fundamentarbeiten.

Das statische Betonfundament, 80 Zentimeter tief frostfrei im Boden, kann bei einer Trockenmauer durch eine dynamische Tragschicht aus Schotter ersetzt werden. Sie sollte etwa 20 Zentimeter stark sein und mit einer Rüttelplatte verdichtet sein.

Tipp: Bereiten Sie alle Tragschichtflächen im Garten so vor, dass sie in einem Arbeitsgang mit der Rüttelplatte

Die Steine für eine Trockenmauer …

… müssen sorgfältig ausgewählt werden.

Vermeiden Sie Kreuzfugen (links).

So ist es richtig und die Mauer stabil (Mitte und rechts).

verdichtet werden können. Das ermöglicht eine schnellere Rückgabe zum Maschinenverleih, der solche Hilfsmittel gegen Gebühr verleiht.

Für den Einsatz an kleineren Bauwerken können Sie auch einen mit Muskelkraft betriebenen „Handstampfer" benutzen. Den gibt es im Baufachhandel.

Die „K-Regeln" beachten

Echte Hand(werks-)arbeit ist das Verarbeiten der einzelnen Mauersteine. An welche Stelle der Mauer passt welcher Stein? Auf welcher Seite soll er aufliegen, und wo befindet sich die Ansichtseite?

Scheuen Sie sich nicht, einige Steine mehrfach anzupacken. Drehen Sie sie von links nach rechts, von vorne nach hinten. Irgendwann ergibt sich die geeignete Stelle für genau diesen Stein. Wenn einzelne Steine allzu unförmig sind, können Sie sie als Verstärkung hinter dem eigentlichen Mauerwerk benutzen.

Grundsätzlich gelten für die Anordnung der Trockenmauersteine die drei „K-Regeln":

Kreuzfugen vermeiden

Stoßen vier Steinecken aneinander, bilden sie ein Kreuz, also eine so genannte Kreuzfuge. Die dadurch entstehende längere, vertikale Fuge wirkt destabilisierend.

Keine allzu langen Querfugen

Ähnlich wie die Kreuzfugen schwächen allzu lange horizontal verlaufende Fugen die Haltbarkeit des Mauerwerks. Tendenziell dürfen die horizontalen wesentlich länger sein als die vertikalen, aber hier und da sorgt ein Versprung im Fugenverlauf für eine stabilisierende Verzahnung. Die quer verlaufenden Fugen heißen im Landschaftsgärtnerjargon übrigens Lagerfugen.

Kleine Steine zum Verkeilen nutzen

Abgesplitterte Steinreste sollten Sie als Stabilisatoren der Mauer einsetzen. Ist ein passender Stein und dessen Endposition in der Mauer gefunden, überprüfen Sie durch Belastung an verschiedenen Punkten, ob der Stein wirklich fest aufliegt. Ist dies nicht der Fall, verkeilen Sie ihn von hinten so lange mit kleinen, spitzen Reststeinen, bis der neu verlegte Mauerstein nicht mehr wackelt.

In regelmäßigen Abständen sollte die neu errichtete Mauer von hinten mit Boden verfüllt werden, denn der Erddruck von hinten gibt von vornherein mehr Halt und erleichtert die Arbeit.

Mauern leicht gemacht!

Eine Natursteinmauer, egal welcher Couleur, ist in jedem Garten ein absolutes Highlight. Ein mit Liebe zum Detail gebautes Element, mit dem Sie dem Garten eine ganz individuelle Note verleihen. Eine sehr schöne, aber auch langwierige Arbeit, die sich am Ende sicher lohnen wird.

Für den Gartenbesitzer, der lieber schnell oder handwerklich einfacher als detailverliebt arbeitet, ist eine Mauer aus industriell angefertigten Betonsteinen eine echte Alternative. Die Produktpalette ist auch hier sehr vielfältig, und die Mauersteine sind natürlich auch im mediterranen Look erhältlich.

Im Gegensatz zu den Mauersteinen aus Naturstein sind die Betonsteine sehr formgleich, was eine einfache Verarbeitung des Materials ermöglicht.
Wie beim Bau der Trockenmauer sollten auch hier aus Stabilitätsgründen Kreuzfugen vermieden werden. Die Lagerfugen sind hier zwar ohne Versprung durchlaufend, die einzelnen Steinreihen sind aber durch einen im Baufachhandel erhältlichen Kleber stabil, solange die Mauer eine Höhe von ca. 75 Zentimeter, also 5 Steinreihen übereinander, nicht übersteigt.

Die Farbe und Verlegeart der Terrassenplatten …

… unterstreichen den mediterranen Charakter des Gartens.

Neben dem Sandkasten gibt es …

… diese Wasserrutsche für die Kinder.

Dem aufmerksamen Leser wird nicht entgangen sein, dass es sich hier um ein statisches Mauerwerk handelt – feste, durch Baukleber fixierte Mauerfugen. Deshalb dürfen Sie auf ein Fundament nicht verzichten. Um auf Nummer sicher zu gehen, sollte das Betonfundament frostfrei 80 Zentimeter tief gegründet sein.

Für die Kinder ist gesorgt

Auch als Sandkasteneinfassung ist der einfach zu verarbeitende Mauerstein aus Beton sehr gut zu verwenden. Die Sandkastenform und -größe können mit diesen Steinen sehr individuell an den Garten angepasst werden.

Das gilt auch für eine Einrahmung aus Kiefernschwellen. Für diese Variante hat sich das „Mein Garten"-Team im vorliegenden Fall entschieden, damit die Kinder der jungen Familie eine großzügige Holzfläche zum Sitzen haben.

Als Fundament reicht auch hier eine Tragschicht aus Schotter, die etwa 20 Zentimeter stark sein sollte. Die Schwellen werden untereinander mit Winkeln verbunden, damit sie durch das Gesamtgewicht beim Spielen nicht verschoben werden können.

Der Sandkasten ist so positioniert, dass er von der Terrasse aus einsehbar ist. Die Eltern können ihren Nachwuchs also gut im Auge behalten, und die Kinder verpassen auf keinen Fall den Zeitpunkt, an dem die Bratwurst gar ist.

Die Nähe zur Terrasse ist auch deshalb sinnvoll, weil der Sand, wenn die Kinder größer sind, gegen Pflanzerde eingetauscht und der Sandkasten zum üppig bepflanzten Blumenbeet umfunktioniert werden kann – ein attraktiver Farbtupfer im Garten, der von der Terrasse aus bewundert werden kann.

Diese vorausschauende Planung erspart nicht nur Kosten, sondern erzielt eine effektive Flächennutzung in kleinen Gärten. Wo aktuell nicht ausreichend Platz für Pflanzbeet und Sandkasten zusammen ist, steht heute der Sandkasten und morgen erst das Pflanzbeet.

Der Traum vom Holzdeck

Die Farbe der Kiefernschwellen findet sich im Holzbelag der Hauptterrasse wieder, wodurch Sandkasten und Terrasse optisch eine Einheit bilden. Allerdings handelt es sich bei dem verwendeten Holz auf der Terrasse nicht um Kiefernholz, sondern um Lärche, die aber eine ähnlich helle Oberfläche hat.

Lärchenholz ist als heimische Holzart eine gute Alternative zu den Harthölzern aus den tropischen Anbaugebieten, da es das härteste aller heimischen Nadelhölzer ist. Es ist leichter zu verarbeiten, allerdings auch nicht so extrem witterungsbeständig. Auch für das kleinere Portemonnaie ist Lärche eine echte Alternative, da die Anschaffungskosten von Lärche in der Regel niedriger sind als die von Tropenhölzern.

Als Unterkonstruktion können handelsübliche Kanthölzer aus druckimprägnierter Kiefer verwendet werden, die je nach zu erzielender Aufbauhöhe nach Möglichkeit 9 Zentimeter stark sein sollten. Als Auflage für die Unterkonstruktion können alte Terrassenplatten höhengerecht einbaut werden. Hier dient die alte Steinterrasse in ihrer Gesamtheit als Auflagefläche für das neue Holzdeck.

Oliven: Gaumenschmaus und Augenweide

Zunächst war der verrottende Birkenstamm das zentrale Element auf der alten Steinterrasse. Damit haben die Gartenbesitzer gestalterisch sogar einen Schritt in die richtige Richtung gemacht, denn ein zentrales Element im Innenhof lenkt den Blick des Betrachters von den hohen umgebenden Mauern ab. Anstelle des Birkenstammes hat nun ein wunderschöner Olivenbaum diese zentrale Funktion übernommen. Denn nicht nur bei den Baumaterialien gilt: Abstimmung bis ins Detail!

← **VORHER:** *Anstelle des abgesägten Birkenstamms …*

→ **NACHHER:** *… ziert nun ein Olivenbäumchen die Terrasse.*

Tipp:

Obwohl die Paprika eher in südlichen Gefilden zu Hause ist, gedeiht sie auch in Mitteleuropa prächtig. Dazu sollte sie in einen sandigen bis lehmigen Boden gepflanzt werden.

Tipp:

Falls der Höhenunterschied zwischen der Terrassentürschwelle und der alten Terrasse größer ist als die Höhe, die die neue Holzkonstruktion in Anspruch nehmen wird, bietet es sich an, die alte Stein- oder Fliesenfläche als Auflage für die Unterkonstruktion zu nutzen.

Zum einen hat das Konstruktionsholz eine satte Auflagefläche, und zum anderen sparen Sie neben dem physischen auch den finanziellen Aufwand der Entsorgung.

Leichte Unebenheiten in der Steinoberfläche lassen sich durch Kunststoffkeile aus dem Baumarkt ausgleichen.

Achtung: Nach DIN-Norm muss die Terrassenfläche 15 Zentimeter tiefer als die Lüftungsschlitze der Tür liegen, damit bei extremen Wetterlagen – Schnee oder Regen – kein Wasser ins Hausinnere eindringen kann. Bei teilweise überdachten Türen oder an wetterabgewandten Seiten kann man diese Norm schon mal vernachlässigen.

Eine Olive als Highlight in diesem Patio strahlt nicht nur die philosophische Ruhe der Antike aus, sondern ist auch Sinnbild der Mittelmeerlandschaften. Eine Olive in hiesigen Breitengraden hat dann Überlebenschancen, wenn sie in einer Baumschule in Norditalien herangewachsen ist. So ist sie schon an Minustemperaturen gewöhnt, und der Umzug fällt ihr leichter.

Der Platz, an dem die Olive im Garten gedeihen soll, muss unbedingt sonnendurchflutet und sehr windgeschützt sein, sodass kalte Ostwinde im Winter keinen Schaden anrichten. In unserem Innenhof hat sie also ihren optimalen Platz gefunden.

Um ganz sicher Frostschäden zu vermeiden, sollten Sie den Boden unterhalb des Baumes mit Strohballen abdecken, sobald der Bodenfrost einsetzt. So ist der Wurzelraum der Pflanze vor allzu intensiver Kälte geschützt.

Ergänzend zur Olive können folgende mediterrane Pflanzen das Gesamtbild perfektionieren:

Die mediterrane Hecke

Wie der deutsche Name schon sagt, ist der Mittelmeerschneeball *(Viburnum tinus)* im mediterranen Garten besonders gut aufgehoben. Die Vorzüge dieses Gehölzes sind sein immergrünes Laub und die außergewöhnliche Blütezeit zwischen Dezember und März.

Er wächst relativ langsam und wird auch im Alter nicht allzu hoch. Deswegen ist der Mittelmeerschneeball besonders gut für kleine Gärten geeignet.

Darüber hinaus ist er sehr schnittverträglich und kann daher auch als Hecke gepflanzt werden. Pflanzen Sie zwei Stück pro Meter und die Hecke wird schnell dicht.

Die Welt des Lavendels

Lavendel ist nicht nur wegen der Blütenfarbe ein Muss für jeden Patio, sondern auch wegen seines wunderschönen Duftes. Er verleiht

dem Innenhof die passenden Akzente für die Geruchssinne.

Lavendel *(Lavandula angustifolia)* gibt es in vielen verschiedenen Sorten.

Erwähnt sei hier der Zwerg der Familie: „Dwarf Blue" heißt die Sorte, die die geringste Wuchshöhe erreicht und daher am besten für flächige, bodendeckende Pflanzungen geeignet ist. Schneiden Sie Lavendel unmittelbar nach der ersten Blüte relativ radikal bis ins alte Holz zurück, damit er im Alter nicht zu sehr verholzt und er Sie im Spätsommer eventuell noch einmal mit einer Nachblüte überraschen kann.

Schlanke Akzente in Grün

Grundsätzlich sind Pflanzen, die eher in die Höhe als in die Breite wachsen, die geeigneten Weggefährten für kleinere, enge Gärten.

Hier in diesem Innenhof lenken Toskana-Zypressen *(Cupressus sempervirens)* im Vordergrund stehend zudem von dem massiven Mauerhintergrund ab.

Da sie leicht frostempfindlich sind, empfiehlt sich ein geschützter Standort.

Vor einer hellen Wand wie hier genießt die Pflanze im Winter die warmen Reflexionen der Sonne und profitiert von der Wärmeabstrahlung des beheizten Hauses.

Erst die Pflanzen ...

... lassen einen Garten lebendig wirken.

Tipp:

Die Hanfpalme ist eine relativ winterharte Palme. Deshalb kann sie in Deutschland auch gut überwintern. Die Temperaturen dürfen jedoch nicht unter –17 Grad sinken. Sollte das der Fall sein, schützen Sie die Wurzel mit Rindenmulch und binden Sie die Palmwedel mit Leinensäcken zusammen.

Hier geht's rund ...

Ein schnuckeliges kleines Reihenhaus. Zwei gemütlich eingerichtete Etagen.
Drei Fragezeichen rund um den Garten:

→ **1.** Was verwandelt die graue Tristesse in eine freundliche Farbenpracht?
→ **2.** Wie wird aus diesem Brachland auf engstem Raum ein kleines Paradies?
→ **3.** Was kaschiert die erschlagende Wirkung der Garagenwand des Nachbarn?

Die Herausforderung für ein solches Gartenzimmer ist, die Ideenvielfalt auf gerade mal 75 Quadratmeter Garten so auf ein Minimum zu reduzieren, dass aus dem öden Nichts kein heilloses Durcheinander wird. Denn gerade auf sehr engem Raum gilt: Weniger ist mehr!

← VORHER:

Holzpaletten dienen einerseits als provisorische Terrasse, andererseits als Behausung für unzählige große Spinnen. Hierbei handelt es sich aber um die einzigen Gartenbewohner weit und breit, denn jedes menschliche Wesen hat angesichts des Chaos schnell Reißaus genommen. Freunde und Familie haben lieber in der sehr gemütlichen Wohnküche Platz genommen.

Selbst der Zugang durch die angrenzende Garage birgt unendliche Gefahren in sich: Schlaglöcher, Pfützen und Stolpersteine. Und dann ist da noch Nachbars Garagenwand: Sehr aufdringlich an der Kopfseite des Gartens macht sie den sowieso schon engen Raum noch kleiner.

→ NACHHER:

Statt einer Minirasenfläche und einer beengten Terrassenfläche werden die Eigentümer mit einem großzügigen Esszimmer im Freien überrascht, das – übergehend zum Platz vor der Garage – auch Möglichkeiten für die Motorradpflege bietet.

Auf einem Bett unterm Sternenhimmel kann sich das Paar vom hektischen Alltagstreiben erholen, denn wir haben eine alte Billardplatte aus stabilem Schiefer zur Liegefläche umfunktioniert.
Eine Pergola mit nicht gänzlich geschlossenem Dach sorgt für das nötige Raumgefühl. Sie ist stilecht mit echtem Wein berankt und sorgt an lauen Sommerabenden für den kulinarischen Nachtisch. Und der schmeckt bei dem von den umliegenden Duftpflanzen verströmten Aroma noch besser.

Kreisrunde Rahmen aus rot lackiertem Stahl um das Holzdeck, ein Pflanzbeet und ein Glitzermeer aus Glaskies verleihen dem Raum durch Form und Farbe die nötige Spannung.

PLAN – WÜNSCHE

Auf diesem kleinen Stück Land gänzlich auf das Grün des Rasens zu verzichten ist ein Wunsch des Hausherrn, der keine Lust auf Rasenmähen hat. Und das ist gut so: Denn winzige Rasenflächen – und mehr gäbe diese Gartengröße nun wirklich nicht her – sind nicht nur zu klein, um durch ihr monotones Grün Ruhe ausstrahlen zu können, sondern auch viel zu unbequem zu mähen.

Eine große Terrassenfläche als Erweiterung der Wohnküche soll es geben und ein Plätzchen, um das Motorrad zu putzen. Denn, wenn schon kein Rasenmähen angesagt ist, dann wenigstens Harley polieren.

Raumgefühl als Schlüssel zum Gartenglück

Haben Sie sich schon einmal gefragt, warum Sie sich in Ihren eigenen vier Wänden so wohlfühlen?

Natürlich liegt es zu einem Großteil an Ihrem sehr individuellen Umfeld und der ganz persönlichen Note Ihrer Einrichtung. Doch umgeben von den schützenden Wänden und dem Dach ergibt sich im Haus die Privatsphäre, die ein Wohlfühlen erst ermöglicht.

Hierbei handelt es sich sicherlich um keine besonders neue Erkenntnis. Aber übertragen Sie diese Gedanken auf den Garten, und Ihr Sonnenschirm auf der Terrasse bekommt eine ganz andere Gewichtung.

Er schützt nicht nur vor heißen Sonnenstrahlen, sondern gibt auch das Gefühl, ein Dach über dem Kopf zu haben. Es entsteht ein Raum, zumindest das Gefühl, in einem solchen zu sitzen.

Erst jetzt fühlen Sie sich unbeobachtet in Ihrer Garten-Privatsphäre. Erst jetzt ist es wirklich gemütlich auf der Terrasse.

Gartenidee: www.gartenplus.com

Auch die Blumenbeete nehmen durch diese Stahleinfassungen …

… die runden Formen des neuen Gartens auf.

Verschiedene „Gartendächer"

Der Sonnenschirm ist als variabelste aller Dachformen sicherlich sehr praktisch und im Vergleich zu den Alternativen in der Anschaffung recht günstig.

Markisen helfen großflächiger und stören nicht durch einen Pfosten in der Terrassenmitte. Sie bieten aber ebenso wie Sonnensegel als moderne Ergänzungen für die Architektur keinen Schutz vor Regen. Dafür muss schon ein Glasdach her. In verstellbare Einzelfenster unterteilt oder mit integrierter Schattierungsanlage wird diese Konstruktion auch nicht zur Sauna.

Für den Naturliebhaber darf es auch ein Blätterdach sein, also entweder ein Baum oder Kletterpflanzen, die dazu eine Rankhilfe aus Holz oder Metall brauchen.

Selbst die alten Römer haben dieses Gestaltungsprinzip vom Raumgefühl schon verinnerlicht und erinnern mit dem überlieferten Begriff „Pergola" immer noch daran.

Das Wort „Pergola" ist abgeleitet vom lateinischen „Pergula" und heißt wörtlich übersetzt „Anbau". Es ist also immer eine an Haus oder Garage angelehnte Konstruktion. Die „Laube" ist die freistehende Variante der Pergola.

Pergola mal anders

Für eine Kombination aus Holz und Stahl hat sich das „Mein Garten"-Team bei der Pergola vor der Garagenwand entschieden.

Hier bilden zwei übrig gebliebene Terrassenbretter die Ansichtsflächen auf der gesamten Breite. Um unschöne Verschraubungen zu vermeiden, sind Löcher im gleichmäßigen Abstand so ins Holz gefräst worden, dass die runden, mit rotem Kunststoff ummantelten Stahlstreben senkrecht dazu nur mit Druck durchgeschoben werden können.

Die Gesamtkonstruktion Holz/Stahl kann dann durch zwei Gewindeschrauben an die beiden senkrechten, zuvor einbetonierten Pfosten montiert werden. An der hinteren Seite übernimmt die Garagenwand die tragende Funktion der beiden vorderen senkrechten Träger. Das Rot des Stahls liefert auch in den farbloseren Wintermonaten noch erfrischende Farbakzente.

Zusammen mit echten Weinpflanzen, die im Laufe der Jahre die Rankhilfe erobern werden, sorgt die Pergola für das Raumgefühl, das natürlich gerade für die Liegefläche Grundvoraussetzung ist, um sich hier wohlzufühlen.

Ein sehr praktischer Nebeneffekt ist der Sichtschutz, der durch das halboffene Dach entstanden ist. Da in dieser Reihenhausbebauung alle Häuser relativ eng beieinander stehen, ist man den Blicken der Nachbarn oftmals unangenehm ausgesetzt. Durch die Weinblätter ist dieses Bett aus der ersten Etage bald nicht mehr einsehbar.

Ein Bett nicht im Kornfeld, aber unterm Sternendach

Wer hätte das gedacht? Die alte Billardplatte wird zweckentfremdet und erstrahlt, als große Liegefläche optimal eingesetzt, in ganz neuem Glanz.

Mit einer Größe von etwa 210 x 120 Zentimeter wirkt das Bett im Freien auch in diesem kleinen Garten nicht zu wuchtig.

Als statische Auflagefläche dienen einfache Winkelsteine aus Beton, die 40 Zentimeter hoch sind und inklusive Polster eine perfekte Sitz- bzw. Liegehöhe ergeben.

Winkelsteine, wegen ihrer Form auch L-Steine genannt, brauchen ein 10 Zentimeter starkes Betonbett als gut form- und verdichtbare Auflagefläche und als Fundament eine Schottertragschicht, die wie bei Natursteinmauern 20 Zentimeter stark sein sollte.

Da sie optisch nicht sehr attraktiv sind, dienen sie lediglich als Unterkonstruktion, die links und rechts mit

Für diese Pergola hat sich das „Mein Garten"-Team …

… für eine Kombination aus Holz und Stahl entschieden.

Tipp:

Holz aus nachhaltigem Anbau – FSC: *Sollten Sie sich für Tropenholz entscheiden, achten Sie auf das FSC-Siegel. Das zertifiziert Holzsorten im nachhaltigen Anbau und garantiert, dass der Urwald nicht irgendwann abgeholzt ist.*

edlen Granitblöcken, die vorher ideenlos im Garten herumlagen, verkleidet werden. Von vorne verwandeln Glasbausteine die triste Betonansicht der Winkelsteine in eine Bettkante der ganz besonderen Art.

Wiedergeburt der Glasbausteine

Wie in der Mode kehren auch in der Gartenarchitektur Trends immer wieder. In den 60er Jahren fanden Glasbausteine vor allem Verwendung in der Fassadengestaltung, heute kehren sie als Raumteiler oder niedrige Mauern in die Gärten zurück.

Für das Errichten dieser Mauern bedarf es etwas mehr an handwerklichem Geschick oder der Hilfe eines erfahrenen Landschaftsgärtners.

Das Fundament sollte – 80 Zentimeter tief frostfrei im Boden – aus Beton angefertigt werden. Glas hat die Eigenschaft, sich bei Wärme auszudehnen und sich bei Kälte zusammenzuziehen. Damit die dadurch entstehenden Spannungen nicht zu Rissen in den Mörtelfugen führen – hier handelt es sich um einen speziellen Mörtel für Glasbausteine aus dem Baufachhandel – , muss das gesamte Glasbauwerk beweglich bleiben.

Die untere Reihe der Mauer darf demnach nicht in Verbindung zum Betonfundament stehen, was durch ein zwischengelegtes, dünnes Schaumstoffband gewährleistet wird.

Damit die einzelnen Steine auch tatsächlich eine massive Mauer ergeben, sollten unbedingt Moniereisen aus angerostetem Stahl, in die quer durchlaufenden Fugen eingebaut, das Bauwerk stabilisieren.

Da die Farbpalette von Glasbausteinen recht vielfältig ist, können Sie mit diesem Material Ihren Garten sehr individuell gestalten.

Segeltuch für Schatten und Gemütlichkeit

Farbakzente können auch Sonnensegel im Garten setzen. Als Schattenspender entfacht das Segeltuchdach über dem Kopf eine Art Lounge-Atmosphäre, die Lust auf Cocktails und Sommer macht.

Tipp:

Gezielte Schnitte mit Ast- und Rosenschere: *Grundsätzlich gibt es für alle Gehölze einige Grundregeln beim Schneiden zu beachten:*

Ein Strauch entfaltet erst dann seine wahre Schönheit, wenn er frei wachsen kann. Das gilt natürlich nicht für lineare Hecken oder so genannte Formgehölze, wie Buchsbaum oder die immer beliebter werdenden Bonsai-Kiefern bzw. -Zypressen. Diese Pflanzen überzeugen gerade durch ihren starren Schnitt. Um den Habitus zu wahren, sollte der Schnitt behutsam erfolgen: kranke und abgestorbene Äste entfernen, ebenso Triebe, die sich gegenseitig behindern, die aneinander reiben oder sich kreuzen. Entscheiden Sie sich für einen der beiden Äste und schneiden Sie den anderen entweder direkt über dem Boden oder möglichst nah am Hauptast ab. Hat die Pflanze Wassertriebe gebildet – das sind die Triebe, die ohne jegliche Verzweigung in die Höhe schießen und meistens eine hellere Rinde haben –, können diese gänzlich herausgeschnitten werden.

Sonnensegel können vollautomatisch aus- und einfahrbar am Haus montiert werden, aber auch über einer alternativen Sitzecke im Garten Platz finden.

In der Form eines Dreiecks beispielsweise kann es an drei verzinkte Stahlpfosten montiert werden, die zu einem Drittel ihrer Gesamtlänge im Boden versenkt sein und mindestens einen Durchmesser von 10 Zentimeter haben sollten.

Sehr praktisch sind wasserdurchlässige Segeltuchmaterialien. Diese sind so feinmaschig, dass sie einerseits den gewünschten Schatten und Sichtschutz von oben spenden, andererseits aber sich ansammelnden Regen durchsickern lassen. So entstehen keine Pfützen auf dem Segeltuch, und Sie entgehen der Gefahr, dass das Tuch bei zu viel Gewicht reißt.

Cocktails auch im Regen genießen

Wenn Sie gerne bei Regen draußen sitzen möchten, müssen Sie sich für ein deutlich stabileres Dach entscheiden. Eine gute Alternative ist ein Glasdach.

Eine flexible Konstruktion aus verschiebbaren Glaselementen ermöglicht den höchsten Grad an Sonne-Schatten-Variationen. Bei sonnigem Wetter können die Elemente ganz oder auch nur teilweise so verschoben werden, dass direkte Sonneneinstrahlung möglich ist und die aufgewärmte Luft zirkulieren kann. Wird es zu heiß, können Sie die sonnendurchflutete Terrasse dann in eine Schattenterrasse umwandeln, wenn Sie eine Schattierungsanlage integriert haben. Diese kann man auch problemlos zu einem späteren Zeitpunkt nachrüsten, denn ein Glasdach ist auch ohne schon eine größere

Zwischen den L-Steinen und der Mauer aus Glasbausteinen ...

... ist Platz für eine Leuchtstoffröhre.

Tipp:

Schaffen Sie doppelte Wände beim Einsatz von Glasbausteinen: *Hier haben wir zwischen der Unterkonstruktion aus Winkelsteinen und der Mauer aus Glasbausteinen so viel Platz gelassen, dass eine kleine Leuchtstoffröhre für den Außenbereich noch Platz fand.*

Bringen Sie sie so an, dass sie von außen nicht sichtbar ist und die Mauer von hinten indirekt beleuchtet wird, wodurch sie durch das Farbspiel der blauen und scheinbar durchsichtigen Steine auch nachts ein optischer Höhepunkt im Garten ist.

Mit Schnur und Zirkel wird der Kreis festgelegt.

Den eingezeichneten Kreis dann aussägen.

Tipp:

Holzdeck kreisrund konstruieren:
Um ein rundes Holzdeck zu bauen, braucht man zunächst eine runde Unterkonstruktion. Um ein solches Deck wirklich rund zu bekommen, wird hier mit einem Zirkel gearbeitet. Dafür nimmt man eine Schnur, befestigt diese an einem Schnurnagel und legt dann den Mittelpunkt des Holzdecks fest. Nun geht man mit der benötigten Länge der Schnur einmal im Kreis, zeichnet den Kreis ab und kann dann die gewünschte runde Form zusägen.

Die Bretter für das runde Holzdeck werden auf die Unterkonstruktion gelegt, mit der Zirkelmethode abgemessen und zugesägt.

Investition. Die vollautomatische Schattierungsanlage funktioniert auf Knopfdruck und wird unter dem am Haus fixierten Querträger des Glasdaches montiert. Der vordere Querträger des Glasdaches liegt auf zwei senkrechten Holzpfosten auf.

Die Querträger dienen wiederum als Auflagefläche für die Schienen, in die die einzelnen Glaselemente eingelegt werden, die mechanisch mit einer Verlängerung, der in seiner Form an einen Enterhaken erinnert, von unten aus verschoben werden können.

Mit dieser Konstruktion – Montage der beiden Querträger an der Hauswand und zwei senkrechten Pfosten – können Sie Ihre Terrasse bis zu 4 Meter vom Haus weg überbauen.

Kreisrund mit Pfiff

Um senkrechte und waagerechte, eben alle geradlinigen Kanten in dieser kleinen Oase aufzubrechen, setzt das „Mein Garten"-Team auf die weichen Formen der Kreise.

Der Kontrast zwischen den sich am Haus orientierenden Linien und den Kreisen wird erst dann richtig lesbar und damit auch reizvoll, wenn er besonders betont wird.

Durch die geschaffene Ansichtskante von ca. 15 Zentimeter heben sich die kreisrunden Elemente allein schon in der Höhe von den übrigen Gartenbereichen ab.

Die rote Farbe der Stahlrahmen kommt vor allem in der Nähe der bewusst schlichten grauen Terrassenplatten wunderschön zur Geltung. Dieser Stahlrahmen muss in einem 20 Zentimeter starken Betonbett gegründet und etwa mit einem Drittel der Gesamthöhe, hier also ca. 7 Zentimeter, im Boden eingebunden sein.

Alternativer Sitzplatz

Während einer der drei Kreise pflanzliche Akzente im Garten setzt, hat der zweite mit einem Holzdeck ausgestattet auch praktischen Nutzen.

Denn bei einem Durchmesser von 3 Metern finden hier zwei Deckchairs ausreichend Platz und bieten den Gartenbesitzern eine alternative Sitzmöglichkeit mit Blick aufs Haus.

Das helle Holz ist in Kombination mit dem roten Stahl eine echte Bereicherung für den Garten. Es handelt sich hier um stabverleimte Lärche, die besonders formstabil und auch harzfrei ist. Die kleinen, aneinander verleimten Holzstäbe ergeben darüber hinaus eine sehr interessante Oberfläche.

Falls Sie über in der Anzahl ausreichend starke Hände verfügen, bietet es sich an, das kreisrunde Holzdeck mitsamt Stahlrahmen an einer anderen Stelle im Garten komplett zusammenzuschrauben, um dann das Gesamtbauwerk auf die vorbereitete Schottertragschicht zu versetzen.

Das Holzdeck ...

... wird auf der runden Unterkonstruktion ausgesägt.

Tipp:

Das Fingerkraut ist ein bunter Bodendecker, der von Mai bis Oktober blüht. Wenn es in der prallen Sonne steht und ordentlich gewässert wird, dann verzweigt es sich schnell und bildet schon nach kurzer Zeit einen wunderschönen Blütenteppich.

Mit Gummihammer und Wasserwaage ausgestattet, bringen Sie das Holzdeck am Schluss in seine endgültige Position.

Glanz und Glamour mit Glaskies

Mit wesentlich weniger Körperkraft lässt sich der Glaskies als Alternative zu Kies oder Splitt in die dritte Kreisfläche einfüllen.

Das Blau der Glasbausteine findet sich in diesem Bodenbelag wieder und erzeugt bei entsprechender Sonneneinstrahlung fantastische Reflexionen.

Natürlich gibt es dieses Material auch in anderen Farben und Größen.

Obwohl es sich um Glas handelt, das aus Altglas recycled wurde, hat es keine scharfen Kanten, es besteht also keine Verletzungsgefahr.

Als Stellfläche für Kübelpflanzen trennt diese Kreisfläche die Hauptterrasse von dem Motorradpflegeplatz vor der Garage.

Duftkräuter in Kübeln

Viele Küchenkräuter vertragen unseren Winter so gar nicht und sind deshalb in Kübel gepflanzt besser aufgehoben.

Besonders Basilikum bekommt im Winter kalte Füße und würde ins Beet gepflanzt sehr bemitleidenswert aussehen. Kübel hingegen können an nicht einsehbarer Stelle im Garten über den Winter gelagert werden, um im Frühjahr wieder frisch bepflanzt auf der Terrasse inszeniert zu werden.

Während des Sommers ist Basilikum ein Muss für jeden Gourmet und eine Duftpflanze der Extraklasse. Er gedeiht in warmen, windgeschützten Bereichen am allerbesten.

Rosmarin schmeckt nicht nur gut zu Braten und Kartoffeln, sondern verströmt auch ein feines mediterranes Aroma. Rosmarin ist etwas frostresistenter und könnte demnach auch in einem vor kalten Ostwinden geschützten Beet stehen. In den Kübel gepflanzt, dürfen weder Rosmarin noch Basilikum allzu nass stehen, es gilt, Staunässe zu vermeiden und im Kübelboden für den Wasserablauf zu sorgen. Viele Pflanzen vertragen es über einen kurzen Zeitraum besser, mal zu trocken, als dauernd im durchnässten Boden zu stehen.

Lavendel sollte insbesondere unmittelbar nach dem Einpflanzen feuchtgehalten werden.

Auch bei diesen Pflanzen ist der Duft neben der Optik ein absolutes Highlight im Garten.

Der Lavendelduft liefert in Kombination mit dem Aroma der Zitronenmelisse ein wahres Duftfeuerwerk. Zitronenmelisse ist eine sehr intensiv duftende Pflanze, die aber die Unart hat, sehr besitzergreifend zu sein. Sie wächst sehr stark und braucht entsprechend viel Platz oder regelmäßigen Rückschnitt, der die Pflanze kompakt hält.

Herbstzauber in Blau

Zeichnet sich spätestens im September das Ende der Lavendelblüte ab, wird diese Blütenpracht im Garten durch ein ähnlich blau-violett blühendes Gehölz ersetzt. Die Bartblume ist ein attraktiver Herbstblüher in der klassischen Herbstfarbe Blau. Die Sorte „Heavingly Blue" hat eine sehr intensive Blüte und bleibt, wie alle anderen Sorten auch, mit maximal 1,50 Meter Wuchshöhe recht klein und kompakt, wodurch sie für diesen Minigarten besonders gut geeignet ist.

Der Standort für diese Pflanze sollte nicht zu dunkel sein: Halbschatten ist optimal. Ein Rückschnitt nach der Blüte im Herbst oder spätestens im Frühjahr nach dem letzten Frost verhindert, dass die Pflanze von unten her verholzt und unansehnlich wird.

Eine blau blühende Alternative zur Bartblume ist die Säckelblume. Die Säckelblume heißt Säckelblume, weil die Blütenblätter eine kapuzenförmige Gestalt haben und deshalb wie halb geöffnete Geldsäcke aussehen. Sie wird in der Regel etwas wuchtiger als die Bartblume, erreicht aber selten 2 Meter Wuchshöhe.

Die Ansprüche an die Lichtverhältnisse sind die gleichen wie die der Bartblume, und der Boden sollte auf keinen Fall sauer sein, also einen pH-Wert von mindestens 5,0 haben. Das gilt übrigens auch für die Bartblume. Wegen leichter Frostgefahr ist bei der Säckelblume ein windgeschützter Standort besonders wichtig.

Vorsicht bei Kindern: Die Blüten sind giftig!

Glitzernder Glaskies ...

.. sorgt für den Glamour in diesem Garten.

Tipp:

Glamour für den Garten: *Um ein wenig Glamour in den Garten zu zaubern, bietet sich glitzernder Glaskies an. Den bekommen Sie im Baumarkt schon fertig eingefärbt. Glaskies gibt es in verschiedenen Farben. Da er farbecht ist, bleibt die Farbe trotz Regen erhalten.*

Pflegeleicht? Genießen statt jäten!

In vielen Gesprächen zum Thema Gartengestaltung fällt in der Regel neben dem Traum nach mediterranem Ambiente – bei diesem Schlagwort handelt sich allerdings oft mehr um das Synonym für Urlaub, Entspannung und schöne Gefühle als um die eigentliche Stilrichtung – das Zauberwort „pflegeleicht".

Waren bis in die 70er Jahre unsere Gärten oftmals Flächen, um das Nahrungsangebot der Familie zu erweitern, sind die Gärten heute Orte der Erholung und Entspannung. Gemüse holt man auf dem Markt, und Urlaub macht man im Garten, wobei für manche der Gemüseanbau natürlich auch Erholung sein kann.

Für die meisten Gartenbesitzer sollte Unkrautjäten, Rosenschneiden und Rasenmähen allerdings nicht den Garten-Alltag bestimmen.

Was ist pflegeleicht?

Natürlich kann Gärtnern auch die aktive Erholung schlechthin sein. Für den Piloten, der ständig mit Zeitverschiebungen zu tun hat und immer wieder Jetlags überwinden muss, ist Rasenmähen womöglich gerade die richtige Beschäftigung, um sich wachzuhalten und sich auf diese Weise dem heimischen Tagesrhythmus wieder anzupassen.

Wenn er aber ansonsten mit Teichpflege oder Unkrautbeseitigung nichts zu tun haben will, besteht ein pflegeleichter Garten folglich für ihn nur aus Rasen. Ein anderer Gartenbesitzer hasst Rasenmähen, freut sich aber über die mit Moos bewachsenen Fugen auf der Terrasse. „Pflegeleicht" hat für ihn also nichts mit unkrautfreien Fugen zu tun, sondern eher mit der rasenfreien Zone hinterm Haus.

Die Definition von „pflegeleicht" ist daher wie das ästhetische Empfinden der grünen Umgebung auch sehr subjektiv.

Bereits vor dem ersten Spatenstich!

Schon in der Planungsphase gilt es, mögliche Pflegeaspekte zu erkennen und gegebenenfalls zu vermeiden. Ob Holz, Wasser, Stein oder Pflanzen, bei fast jedem Bestandteil des Gartens kann man Arbeit, sprich Pflege, von vornherein minimieren.

Entscheiden Sie im Folgenden für sich selbst, was für Sie eine willkommene Erleichterung wäre.

Klare Sicht im Wasser?

Ein Teich in praller Sonne kann genauso Schwierigkeiten machen wie einer im tiefen Schatten, der im Laufe der Jahre durch den Laubfall des großen Walnussbaumes im Herbst verlandet.

Wenn die Teichfläche von Beginn an in gewissem Abstand zu den Bäumen angelegt wird, kann man die Laubmasse im Wasser reduzieren. Dann besteht allerdings die Gefahr, dass das Wasser zu sehr den heißen Sonnenstrahlen im Sommer ausgesetzt ist.

Der Teich in voller Sonne erwärmt sich je nach Größe sehr schnell, was das Algenwachstum beschleunigt, dessen man dann nur durch einen entsprechenden Filter Herr werden kann.

Grundsätzlich sollten Sie also den Schatten bevorzugen und gegebenenfalls ein Laubnetz für den Herbst einplanen. Viel Wasser in einem ausreichend großen Teich erwärmt sich langsamer, bleibt also länger kühl, was wiederum der Wasserqualität hilft und das Algenwachstum mindert. Planen Sie Ihren Teich sehr sorgfältig und wägen Sie den möglichen Aufwand ab.

Unkrautfugen: nichts für Ästheten?

Mit Gräsern oder Moos durchsetzte Fugen auf der Terrasse sind für viele Gartengenießer ein rotes Tuch. Den Bewuchs durch Entflammen zu entfernen ist effektiv, dauert aber recht lange. Die chemische Keule ist verständlicherweise auch längst nicht für jeden die richtige Alternative. Die Terrassenfläche mit Mörtelfugen unkrautfrei zu versiegeln kann bei falscher Verarbeitung hässliche Ausblühungen an den Plattenrändern hinterlassen. Außerdem sind durch Frosteinwirkung sich auflösende Mörtelfugen ein bekanntes Bild auf älteren Terrassen und damit ein langfristiges bauliches Problem.

Auch die anfallenden Kosten für diese als versiegelt geltenden Flächen, die in den meisten Gemeinden die Berechnungsgrundlage für die Abwasserabgaben sind, sollten Sie bei Ihren Planungen im Auge behalten.

Terrassen hingegen, deren Fugen mit durch Kunstharz gebundenen Mörtel verschlossen werden, gelten nicht als versiegelte Flächen. Diese Fugen sind wasserdurchlässig, wodurch das anfallende Regenwasser nicht die Kanalisation beansprucht, sondern direkt bis zum Grundwasser durchsickern kann. Und der Clou: Trotz der Wasserdurchlässigkeit sind die Fugen so versiegelt, dass Unkraut keine Chance hat.

Kunstharzmörtel hinterlässt allerdings nach der Verarbeitung einen glänzenden Schleier auf den Steinoberflächen, der in der Regel nach einigen Wochen verschwunden ist.

Vergewissern Sie sich bei Ihrem Landschaftsgärtner oder bei der Steinindustrie direkt, inwieweit Schleierrückstände bestimmter Fugenmaterialien zum Problem werden können.

Wind, Sonne, Schatten: Individualist Pflanze

Und jährlich grüßt das Murmeltier: regelmäßig Mehltau auf den Rosen. Was kann man da nur tun? Unzählige Mittel haben Sie bereits an dem hartnäckigen Pilz ausprobiert. Manchmal sogar erfolgreich, leider nicht langfristig. Denn kein synthetisches Mittel kann mit dem einzig wahren Pflanzenschutz mithalten: dem richtigen Standort für die Pflanze.

Eine Beetrose in einer windgeschützten Schattenecke im Garten blüht nicht nur sehr spärlich, sondern wird auch oft vom Mehltau-Pilz befallen. Mehltau ist ein filziger weißer Belag, der die Blätter und Knospen der Rose umhüllt und die Pflanze entsprechend schwächt. Er gedeiht am besten in einem feuchten Umfeld.

Steht die Pflanze aber sonnig und etwas windoffener, kann sie nach einem Sommerregen schnell wieder abtrocknen und die Gefahr des Pilzbefalls ist deutlich geringer als in der dunklen, windgeschützten Schattenecke des Gartens.

Beachten Sie also von vornherein die Ansprüche der Pflanzen und vermeiden Sie so Krankheiten, die sowohl mit finanziellem als auch zeitlichem Aufwand behandelt werden müssen.

Groß, größer, Motorsäge

Pflanzen wachsen. Wer hätte das gedacht? Gerade kleine Gärten haben keinen Platz für Bäume, die eigentlich in Wälder oder Parks gehören. Sichtschutz über die Hecke hinaus ist gut und wichtig, aber bedenken Sie das Wachstum der Pflanzen. In den 60er und 70er Jahren war es eine Unsitte, den Garten mit Fichten vollzustopfen. Das ist Gott sei Dank vorbei, aber Restbestände müssen immer wieder sehr kostenaufwändig vom Landschaftsgärtner entfernt werden.

Die meisten Fichten sind viel zu groß für kleine Gärten, und ein Rückschnitt in Höhe und Breite verunstaltet die Pflanze aufs Übelste.

Ein Ahorn im Garten ist wundervoll. Aber ein Griff zur falschen Art kann fatale Folgen haben. Denn einen 15 Meter hohen Baum im Garten zu haben ist nicht immer ein Vergnügen.

Achten Sie also beim Kauf der Bäume auf deren Wuchshöhen und -breiten. Ansonsten geben Sie unnötig Geld aus oder produzieren womöglich schon beim Kauf der Pflanze Kosten für die unvermeidliche Entsorgung.

Grundsätzlich sind Bäume mit schlanker Krone für kleine Gärten sehr geeignet.

Die chinesische Wildbirne *(Pyrus calleryana „Chanticleer")* ist eine geeignete Kandidatin für diese Ansprüche. Die Krone wird im Alter selten breiter als 2 Meter, und die Gesamthöhe ist mit 5–6 Metern auch überschaubar.

In einer Reihe gepflanzt kann die Pflanze neben dem Sichtschutz in der zweiten Etage auch sehr schöne Farbaspekte im Garten liefern.

Im März/April kündigt sie weiß blühend das Frühjahr an, und im Herbst verzaubert sie den Garten mit ihrer herrlichen orangefarbenen Blattverfärbung.

Pflegefall Rasen

Ein undefinierbares Grün, das einmal frisch verlegter Rollrasen war, treibt den pedantischen Gartenbesitzer nicht selten zur Verzweiflung.

Düngen, vertikutieren, aerifizieren, wässern an heißen Tagen – all diese Pflegemaßnahmen helfen, den Rasen in seinem englischem Grün zu erhalten. Aber nur dann, wenn am ersten Tage dieser Rasengeschichte nicht am falschen Ende gespart wurde.

Den Bodenaushub für das neu gebaute Haus zur Wiederverwendung im hinten liegenden Garten zu lagern ist eine weit verbreitete Bausünde. Die obere Bodenschicht, die je nach Region verschieden dick ist, wieder zu verwerten ist keinesfalls problematisch. Die lehm- bzw. steinhaltigen Erden der unteren Bodenschichten jedoch sollten Sie unbedingt aus dem Garten fernhalten und auf direktem Wege entsorgen.

Zu lehmiger Boden wird bei starkem Regenfall zu einer regelrechten Schlammwüste, die ideale Wachstumsbedingungen für viele Moosarten schafft, aber tödlich für den grünen Rasen ist.

Durch das Befahren von schweren Baumaschinen entstandene Bodenverdichtungen sind Bausünde Nummer zwei. Diese Verdichtungen können tief im Boden zu so genannten Stauhorizonten führen, die versickerndes Wasser aufhalten und Staunässe erzeugen. Der Tod für jeden englischen Rasen.

Fazit: Nach jeder intensiven Bauphase rund um das Haus muss der Boden tiefgründig gelockert werden. Oberflächiges Fräsen ist als letzter Schritt ratsam. Zuvor sollten die unteren Bodenschichten durch maschinelles Aufreißen wieder wasserdurchlässig werden.

Schon die ersten Einblicke in die Welt der typischen Gartenmaterialien: Holz, Wasser, Stein und Pflanze verraten, dass mit effizienter Planung und richtigem Einsatz der Pflegeanspruch des Gartens von vornherein reduziert werden kann.

Moderne Klarheit ohne Rasenmähen

Endlich wieder Samstag. Vor der Sportschau noch eben den Rasen mähen. Ob diese Abläufe als Einstimmung für ein harmonisches Wochenende zu zweit glücklich machen, sollte jeder für sich selber entscheiden. Für die Entscheidung, den Rasenmäher aus dem Garten zu verbannen, gibt es einige auch optisch sehr ansprechende Lösungen. Natürlich ist lebendiger Rasen früher wie heute ein absolut fester Bestandteil der Gartengestaltung. Bei kleinen Gärten aber auf Alternativen zurückzugreifen ist, wie bereits erwähnt, oftmals kein Fehler, gerade dann, wenn man sich vor der Rasenpflege drücken will. Keine Rasenpflege leisten, aber trotzdem nicht auf das beruhigende, monotone Grün verzichten zu müssen, ist keineswegs unmöglich.

← VORHER:

Eine sehr schöne Verkleidung in Teilbereichen der Hausfassade aus Grauwacke, einem Naturstein aus dem Bergischen Land, ist der einzige Anblick im Garten, der erträglich ist. Alles andere ist noch nicht mal nur Brachland, sondern einfach nur hässlich.

Wirklich ein trauriges Fleckchen Land von 80 Quadratmeter Größe, wo gerade die Kinder der Familie gar nicht auf ihre Kosten kommen.

→ NACHHER:

Dieser Garten besticht durch seine ruhige, geordnete Ausstrahlung. Rechte Winkel, klar definierte Abgrenzungen der einzelnen Flächen zueinander und fein abgestimmte Materialkombinationen schaffen Klarheit fürs Auge.

Die großzügige Terrasse aus großformatigen Platten geht oberflächengleich in die grüne Rasenfläche über, die erst auf den zweiten Blick ihre künstliche Herstellung verrät. „Der fühlt sich ja echt an", so der Kommentar des glücklichen Hausherrn.

Eingerahmt ist das Grün durch einheitlich bepflanzte, in der Größe bewusst kleingehaltene Pflanzflächen, die so konzipiert sind, dass sie schnell eine geschlossene, für Unkräuter schwer zu durchdringende Pflanzendecke ergeben.

Das Holzdeck im hinteren Teil des Gartens hat gleich mehrere Funktionen:

Als Spieldeck bietet es den Kindern in der Nähe des Spielhauses genügend Platz und den direkten Einstieg in das nebenliegende Planschbecken.

PLAN – WÜNSCHE

Möglichst pflegeleicht soll es sein. Rasenmähen ist völlig tabu, und auch Sand im Spielbereich war nicht erwünscht. Trotzdem sollten die Kinder etwas zum Toben bekommen, und ein schöner Platz zum Sitzen muss natürlich auch sein.

Für die Zeiten, in denen die Kinder diese Spielfläche nicht nutzen, ist das Holzdeck auch ein idealer alternativer Liegeplatz im Garten, der durch begrünte Efeuwände zum Nachbargrundstück und das bepflanzte Hochbeet aus Edelstahl im Vordergrund das nötige Raumgefühl erhält.

Die Formensprache ist wie im Inneren des Hauses sehr geradlinig und geprägt durch Vierecke. Quadrate in der Haustür, im Teppichmuster, selbst auf dem Mobiliar verrieten die Affinität zur schlichten, schnörkellosen Klarheit.

Unterstützt durch Materialien wie Edelstahl erhält der Garten nicht nur die minimalistische Optik, sondern auch einen minimalistischen Pflegeaufwand.

Rostfreier Stahl auch im Garten

Die Individualität jedes Gartens spiegelt sich vor allem in der Verwendung der unterschiedlichen Materialien wider. Holz, Wasser, Stein, Pflanzen etc. bieten ein breites Spektrum an Variationen.

Gartenidee: www.gartenplus.com

Die Unterkonstruktion aus Kieferschwellen ...

...wird später durch die Edelstahlfassungen verdeckt.

Stahl ist, wie Glas oder Kunststoff auch, eher ein außergewöhnliches, aber keineswegs uninteressantes Baumaterial im Garten. Pfosten oder Zäune aus verzinktem Stahl oder Edelstahl sind im Gartenbild häufiger anzutreffen. Wasserbecken aus Edelstahl sind in tendenziell luxuriösen Gärten ebenfalls ein willkommenes Gestaltungselement. Für profanere Einsätze im Garten, etwa als Ausgleich von Höhenunterschieden, kommt Stahl seltener zum Zug, obwohl gerade in einem modern, schlicht, fast kühl gestalteten Garten die glänzende Oberfläche von Edelstahl perfekt ins Bild passt.

Edelstahlbecken, die als fertiger Bausatz in bestimmten Normgrößen im Handel erhältlich sind, verdecken in diesem Garten die dahinterliegende, ansonsten sehr massiv wirkende Unterkonstruktion aus Kiefernschwellen des höher gelegenen Holzdecks.

Als Fundament sollten im Abstand von ca. 50 Zentimeter Punktfundamente aus alten Betonsteinplatten so in ein Betonbett eingebaut werden, dass sie innerhalb des Edelstahlbeckens verschwinden, sobald es mit Erde verfüllt ist.

Auf das regelmäßige Überstreichen mit rostschützenden Metallfarben können Sie bei Edelstahl verzichten, da er mit einer Art Schutzschicht überzogen ist, die jegliche Korrosion verhindert.

Sobald diese Schutzschicht beschädigt ist, also Feuchtigkeit bis zum eigentlichen Stahl vordringen kann, kann es zu Schäden kommen. Um von aufwändigen Pflege- und Instandsetzungsarbeiten im Nachhinein verschont zu bleiben, muss das Material unbedingt ohne Oberflächenschäden verarbeitet werden.

Unreinheiten sollten Sie mit weichen Bürsten oder Vliesresten, Fettrückstände unter Hinzunahme von einem handelsüblichen, nicht allzu aggressiven Allzweckreiniger entfernen.

Rostiger Stahl hat aber auch seinen Reiz

Keinerlei Pflege braucht die alternative Stahl-Lösung. Die rostigen Oberflächen des so genannten Cor-Ten Stahls – auch Corten-Stahl – liegen absolut im Gartentrend.

Für die einen ist es ungepflegter, vor sich hin rostender Stahl, für die anderen ist es die Patina, die den Garten lebendig macht.

Die Oberflächen des Stahls sind mit Rost überzogen, der als Deckschicht fungiert und den darunterliegenden Stahl vor Korrosion schützt. Das heißt, die Oberfläche rostet lediglich an, aber nicht durch.

Schon die Namensgebung verrät die Vorzüge dieses außergewöhnlichen, sehr belastbaren Stahls. Cor-Ten kommt aus dem Englischen und setzt sich aus „CORrosion resistance", also Rostwiderstand, und „TENsile strength", Zugfestigkeit, zusammen.

Für die Kreation von Kunstobjekten erfreut sich das Material schon länger größerer Beliebtheit, im Garten ist es allerdings auch für sehr pragmatische Dinge sehr effektiv einsetzbar. In den Rasen integrierte Stufen aus Cor-Ten Stahl sind ebenso denkbar wie freistehende Becken, die als Gemüsebeete genutzt werden können.

Klare Flächentrennung erleichtert die Pflege

Als dezente Trennung zwischen Rasen und Pflanzbeeten kann Cor-Ten oder Edelstahl ebenfalls sehr gut eingesetzt werden.

Von der im Boden versenkten Rasenkante aus Edelstahl ist von oben nach dem Einbau nur noch die dünne Materialstärke von 5–10 Millimeter sichtbar. Das eigentliche Bauteil aus Stahl von mindestens 10 Zentimeter Breite verschwindet in der Erde. Insbesondere der Übergang von Rasen zu Kiesflächen bekommt durch die völlig unscheinbare Trennung eine sehr elegante Note.

Durch die großformatigen Platten ...

... wirkt die Terrasse sehr großzügig.

Eine Alternative zum Edelstahl:

Holzeinfassungen rahmen die Beete ein.

Beachten Sie das Wachstum des Rasens: Sowohl die Erdoberfläche nach der Raseneinsaat als auch die Grasnarbe des frisch verlegten Rollrasens sollten etwa 2–3 Zentimeter unter der Oberkante der Stahleinfassung liegen, damit der frisch geschnittene Rasen nach dem Mähen bündig mit der Stahlkante abschließt.

Apropos Rasenmähen: Das würde ohne diese Trennung zu einer einzigen Nervenschlacht werden, da sich das Vermischen von Rasen und Kies nicht vermeiden lässt. Einzelne Kieselsteine können beim Mähen die Messer des Rasenmähers beschädigen und zu gefährlichen Wurfgeschossen werden.

Außerdem verschwimmen ursprünglich klar definierte Flächen miteinander, was bei Kiesflächen, die langsam in Pflanzflächen übergehen sollen, ein bewusst eingesetzter gestalterischer Effekt sein kann, aber die Pflege erschwert.

Alternative: Holzeinfassungen sind schnell an Ort und Stelle

Alternativ zum Stahl bieten sich auch Einfassungen bzw. Flächentrennungen aus Holz an. Etwas über das eigentliche Gartenniveau ragend, schaffen sie vertikale Ansichten, die ein interessantes Spiel mit verschiedenen Höhen, Vorder- und Hintergründen erzeugen.

Genau wie verschiedene Stecksysteme aus Edelstahl sind Einfassungen aus Holz sehr schnell zu verarbeiten. Mit im Vergleich zu Steinmaterialien wenigen Einzelbauteilen kann man zügig Meter für Meter verlegen. Wegen des direkten Bodenkontakts und der punktuellen Fixierung aus Beton sollte hierfür nur entsprechendes witterungsresistentes Hartholz verwendet werden.

Die Materialstärke ist mit mindestens 3 Zentimetern dicker als die von normalen Terrassenbohlen, die auf Holzdecks verwendet werden. Die aneinanderstoßenden Enden von zwei Bohlen sollten mit verzinkten Flacheisen so stabilisiert werden, dass die Holzkante auch über den nächsten Winter hinweg einen geraden, wie an der Schnur gezogenen Abschluss bildet.

Handelt es sich bei dieser Einfassung um eine temporäre Lösung, sind die kostengünstigeren Holzbohlen aus druckimprägnierter Kiefer völlig ausreichend.

Gemütliches Mähen durch oberflächengleiche Steineinfassung

Bei Einfassungen aus Stahl oder Holz müssen Sie allerdings die Schnittkante am Rand nach dem Mähen mit einem entsprechenden Gerät nachschneiden, da die Räder des maschinellen Mähers breiter sind als die Materialstärke des Stahls oder des Holzes. Dadurch sind ein Überfahren der Einfassung und damit ein bündiger, kantenfreier Schnitt nicht möglich.

Hier können Rasenkanten aus Steinmaterialien die Arbeit deutlich erleichtern. Eine Materialstärke von mindestens 10 Zentimeter Breite ist absolut ausreichend, um mit dem Rasenmäherrad darüberzufahren und das saftige Grün kantenfrei ohne Nachschneiden zu mähen. Achten Sie darauf, die Rasenkantenbreite von 10 Zentimetern mindestens einzuhalten, da der Stein ansonsten zu schnell vom angrenzenden Rasen überwachsen werden könnte. Aus Naturstein empfiehlt sich ein Großpflasterformat, das mit Breiten zwischen 13 und 20 Zentimetern eine komfortable Größe hat.

Grundsätzlich gilt natürlich, das Gartenkonzept auf die passende Steingröße und Materialart zu überprüfen. Wirkt die Rasenkante mit 15 Zentimeter Breite nicht zu massiv in dem kleinen Garten? Ist ein schlichter geradkantiger Betonstein eher passend als ein unregelmäßiger Naturstein?

Egal, für welchen Stein Sie sich entscheiden, Sie sollten die Steine nicht ohne Beton in den Gartenboden

Ein wunderbarer Spielspaß im Sommer:

das Plantschbecken zwischen Holzdeck und Spielhäuschen.

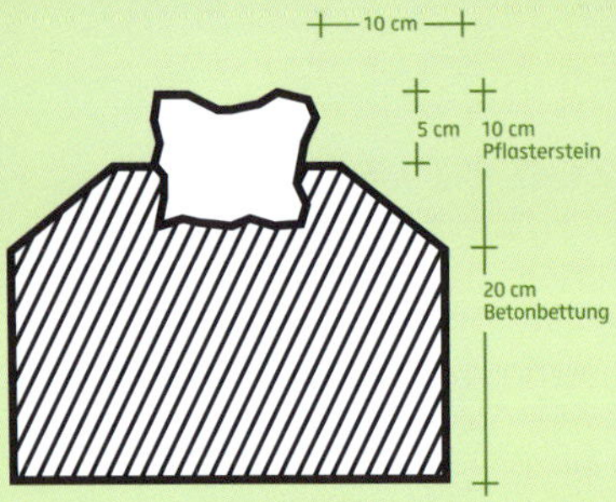

Tipp:

Kunstharzmörtel: *Im Laufe der Jahre wird Rasen die Fugen zwischen den Natursteinen erobern. Um das zu vermeiden, können sie mit Kunstharzmörtel geschlossen werden.*

Achten Sie darauf, dass die Fugen max. 1 Zentimeter breit sind, aber mindestens 3 Zentimeter Tiefe haben. Die Fugen müssen von Erdresten befreit, also relativ sauber sein.

Die Produkte gibt es sowohl als Ein-Komponenten- als auch als Zwei-Komponenten-Variante. Bei der ersten Version müssen Sie lediglich den Eimer öffnen und die Masse mit einem Schieber verteilen. Bei der zweiten müssen die beiden Komponenten, ein Sand-Gemisch und der Kunstharz, zuerst mit einem Quirl vermischt werden, bevor Sie es auftragen können.

Da die Materialien relativ schnell trocknen, müssen Sie sie zügig verarbeiten. Je nach Temperatur, eventuell schon nach 20 Minuten, sollten Sie Materialrückstände auf den Steinen mit einem harten Besen beseitigen.

Begehen Sie die Fläche nach dem Auftrag möglichst 48 Stunden nicht mehr und schützen Sie sie vor Regen. Je nach Witterung decken Sie die Fläche am besten mit einer Folie ab. Auf jeden Fall immer die Herstellerhinweise beachten.

versetzen, sondern eine Bettung von 20 Zentimeter Stärke vorsehen. Die so genannte Rückenstütze seitlich angeschrägt verhindert das Verrutschen der Steine nach links und rechts (siehe Skizze oben links).

Auch hier unbedingt daran denken: Die Oberkante des Steines muss etwa 2–3 Zentimeter über der Schnittkante des Rasens liegen, damit nach dem Mähen die Flächen bündig abschließen.

Englisches Grün, auch ohne Mähen

In diesem Garten dient die Einfassung aus Edelstahl lediglich als Flächendefinition und Trennung zwischen Pflanzbeeten und Kunstrasen. Da dieser niemals gemäht werden muss, braucht man die praktische Steinkante hier nicht.

Sie sparen bei künstlichem Rasen im Laufe der Jahre eine Menge Arbeit, allerdings müssen Sie bei der Anlage des künstlichen Grüns einen Mehraufwand in Kauf nehmen.
Damit die Kunstrasenfläche auch langfristig Freude bereitet, sollten Sie die zu bearbeitende Fläche entsprechend gründlich vorbereiten:

Zunächst muss der Boden 25 Zentimeter tief ausgehoben und beseitigt werden. Tipp: Vielleicht können Sie ein Hochbeet im Garten einplanen, in das die ausgehobene Erde wieder verfüllt werden kann. Nach dem Aushub muss eine 20 Zentimeter starke Tragschicht aus Schotter flächig angedeckt und verdichtet werden. Damit Regenwasser ohne allzu große Widerstände versickern kann, sollte der Schotter keine feinen, sandkorngroßen Anteile haben. Eine Körnung 5/22 bedeutet, dass dieses Material Steinkörner zwischen 5 und 22 Millimeter Größe beinhaltet und sich damit nur bedingt verdichten lässt, was wiederum einen schnelleren Wasserabfluss gewährleistet.

Auf die Tragschicht folgt dann ein Splittbett – Körnung 2/5 –, auf dem die Kunstrasenbahnen sehr exakt und ohne Löcher verlegt werden können.

Damit aus dem Rasenteppich kein fliegender Teppich wird, muss er mit etwa 20 Kilogramm Sand pro Quadratmeter beschwert werden. Zuletzt imitiert ein erdbraunes Sandmaterial das Braun der Erde, das auch in der Grasnarbe eines natürlichen Rasens durchschimmert.

Sieht aus wie Splitt, ist aber fest wie eine Pflasterfläche

Als Stellfläche für ein Planschbecken im Sommer ist Kunstrasen besser geeignet als natürlicher Rasen. Denn wer kennt sie nicht, die braunen Flecken in der ansonsten grünen Rasenfläche, die zum Vorschein kommen, wenn der Sommerspaß im September im Keller verschwindet. Allerdings hinterlässt das Planschbecken auch auf dem künstlichen Grün Spuren, nämlich plattgedrückte Kunstgrashalme.

Kies als Untergrund für Planschbecken kann nicht nur die PVC-Folie beschädigen, sondern ist auch unangenehm unter den Füßen.

Ideal geeignet ist der von uns gewählte Bodenbelag, der optisch eine Splittfläche darstellt, faktisch aber eine feste, geschlossene Oberfläche hat. Die kleinen Splittkörner sind durch Kunstharz miteinander verbunden und ergeben so eine homogene Bodenfläche, die trotz Festigkeit wasserdurchlässig bleibt. Überschwappendes Wasser kann also unmittelbar versickern und hinterlässt keine Matschpfützen.

Eine Alternative für Mähmuffel:

der künstliche Rasen.

Für den Anstrich des Spielhäuschens ...

... wählen wir die Farbe aus, die alle Mädchen lieben: Rosa.

Da dieses Material in einem speziellen Verfahren verarbeitet wird, müssen Sie sich hierfür einen spezialisierten Landschaftsgärtner zu Hilfe holen.

Wichtig: Standortansprüche bei Bodendeckern beachten

Um dem Garten neben den „toten" Materialien wie Kunstrasen auch Leben einzuhauchen, müssen Pflanzen her. Natürlich können auch Pflanzbeete so gestaltet werden, dass sie nur noch wenig Pflege einfordern. Entscheidend ist zum einen die Auswahl der größeren Pflanzen, die Akzente in Wuchsform und Farbe setzen, zum anderen aber auch die Gestaltung der Bodenflächen.

Damit sich eine geschlossene Pflanzendecke erfolgreich entwickeln kann, gilt es, wie bei allen anderen Pflanzen auch, die jeweiligen Standortansprüche bezüglich Licht und Boden zu berücksichtigen.
In der folgenden Auflistung finden Sie, unterteilt nach Lichtansprüchen, Bodendecker, die flächig gepflanzt, im Laufe von wenigen Vegetationsperioden eine geschlossene Pflanzendecke entwickeln.

Sonniger Standort

Lavendel *(Lavandula angustifolia „Dwarf Blue")*
Wuchshöhe: 20–30 Zentimeter
Blütenfarbe/-zeitpunkt: tiefviolett, Juli–August
Stück/Quadratmeter: 10 Stk./m²
Verwendung: In Begleitung von Rosen, als niedrige Hecke, Betonung von Beetkanten, in mediterranen Gärten

Flammenblume *(Phlox subulata)*
Wuchshöhe: 10 Zentimeter
Blütenfarbe/-zeitpunkt: weiß, rosa, bläulich, April–Mai
Stück/Quadratmeter: 10–12 Stk./m²
Verwendung: Steingärten, zwischen Trittplatten, Überwachsen von Terrassenkanten, auf Mauerkronen, nur bedingt immergrün

Zitronen-Thymian *(Thymus citriodorus „Aureus")*
Wuchshöhe: 10–15 Zentimeter
Blütenfarbe/-zeitpunkt: rosa, Juli–August, attraktive gelb-grüne Blätter
Stück/Quadratmeter: 12–15 Stk./m²
Verwendung: Duftgärten, in Begleitung von Rosen,

Steingärten, zwischen Trittplatten, Überwachsen von Terrassenkanten, auf Mauerkronen, in mediterranen Gärten

Halbschattiger Standort

Storchenschnabel *(Geranium himalayense „Baby Blue")*
Wuchshöhe: 30 Zentimeter
Blütenfarbe/-zeitpunkt: blau-tiefviolett, Juli–September
Stück/Quadratmeter: 10–12 Stk./m²
Verwendung: im Vordergrund von größeren Gehölzen, in helleren Bereichen zwischen Sträuchern, Bauerngärten, nicht immergrün

Buchsbaum *(Buxus sempervirens „Suffroticosa")*
Wuchshöhe: 10–30 Zentimeter, regelmäßiger Rückschnitt erforderlich
Blütenfarbe/-zeitpunkt: keine attraktive Blüte, hellgrüner Blattaustrieb
Stück/ Quadratmeter: 15–17 Stk./m²
Verwendung: in terrassierten Beeten, in modernen, schlichten Gärten, in Kombination mit emporragenden Buchsbaumkugeln, als architektonisches Pflanzenelement, Rückschnitt nicht in praller Sonne

Japan-Segge *(Carex morrowii x „Variegata")*
Wuchshöhe: 30–40 Zentimeter
Blütenfarbe/-zeitpunkt: keine attraktive Blüte, attraktiv weiß-grün panaschierte Halme
Stück/Quadratmeter: 5–7 Stk./m²
Verwendung: in asiatischen Gärten, in modernen, schlichten Gärten, als Gras nicht so steril wie geschnittene Buchsbaumflächen, in Kombination mit Findlingen, unter einem roten japanischen Ahorn

Schattiger Standort

Immergrün *(Vinca minor „Alba")*
Wuchshöhe: 15–30 Zentimeter
Blütenfarbe/-zeitpunkt: weiß, Mai, Nachblüte im September

Tipp:

Beton selbst gemacht: *Falls Sie nicht die Möglichkeit haben, fertigen Beton im Werk abzuholen, können Sie bei kleineren Mengen auf fertig gemischten Estrich-Beton aus dem Baufachhandel zurückgreifen. Unter Zugabe von Wasser können Sie das Material in einer Schubkarre anmischen und verarbeiten.*

Bei größeren Mengen sollten Sie sich ein Sand-Kies-Gemisch mit der Körnung 0/16 liefern lassen und den Beton unter Zugabe von Zement und Wasser entweder in der Schubkarre per Hand oder in einem sich drehenden Zwangsmischer maschinell herstellen.

Das Mischungsverhältnis sollte etwa drei Teile Sand/Kies zu einem Teil Zement betragen. Handschuhe schützen Ihre Hände vor dem Austrocknen!

Stück/Quadratmeter: 12–15 Stk./m²
Verwendung: in Begleitung von Rhododendron, zwischen Gehölzpflanzungen, in dunkle Ecken im Garten, unter Bäumen (Bewässerung und Wurzelwachstum der Bäume beachten!)

Sternmoos *(Sagina subulata)*
Wuchshöhe: 5 Zentimeter
Blütenfarbe/-zeitpunkt: weiß, Juni–Juli
Stück/Quadratmeter: 15–18 Stk./m²
Verwendung: Steingärten, zwischen Trittplatten, Überwachsen von Terrassenkanten, auf Mauerkronen, in dunkle, feuchte Ecken als Alternative zum Rasen, bedingt begehbar

Funkie *(Hosta x fortunei var. Albopicta)*
Wuchshöhe: 40–60 Zentimeter
Blütenfarbe/-zeitpunkt: violett, Juli–August, attraktive gelb-grüne Blätter
Stück/Quadratmeter: 3–5 Stk./m²
Verwendung: unter großen Bäumen, hohe Fernwirkung, auch in 3er-, 5er-Gruppen etc. pflanzbar, an Teichrändern, in Kombination mit anderen Hosta-Sorten

Manchmal muss man Berge versetzen ...

„Pflanzbeete und Rasen sind uns zu pflegebedürftig! Aber was gibt es stattdessen?" – „Bei der Terrasse sind wir uns auch noch nicht einig!" – „Der Garten ist eine einzige Rutschbahn und nicht zu nutzen." – „Was machen wir nur mit dem Höhenunterschied von fast 1 Meter, wo wir doch so wenig Platz haben?" Viele Fragen, eine Antwort! Denn manchmal kann Ihnen ein einziges Material bei vielen Problemstellungen im Garten helfen: Platten mit glatt gesägter Oberfläche als Terrassenbelag, Felsen für den Ausgleich des Höhenunterschieds, eine Splittdecke statt Rasen und Pflanzendecke! Und das alles aus demselben Naturstein. „Ist das nicht zu monoton und langweilig?" Einigen wir uns auf reduziert! Und das muss keinesfalls langweilig sein ...

← VORHER:

Unkraut, wohin das Auge blickt. Der vorhandene Kirschbaum ist nahezu überwuchert und wartet sehnsüchtig auf Rettung. Die Steinsammlung vor der Terrassentür verrät, dass sich die Gartenbesitzer bereits unzählige Gedanken gemacht haben müssen, sich aber offensichtlich in der Welt der Steine noch nicht so recht orientiert haben. Lediglich einige Kübel mit Buchsbaumkugeln strotzen vor Lebensfreude und wurden offensichtlich liebevoll gepflegt.

→ NACHHER:

Nach der Sichtung der Steinsammlung sticht ein Material besonders heraus: Basalt-Lava. Dieser Naturstein ist das dominierende Gestaltungselement in diesem Garten geworden: Der Terrassenbelag, die Stufen hinunter in den unteren Gartenteil, Felsen, um den Höhenunterschied auszugleichen, Splitt als Rasenersatz und schließlich ein beeindruckend großer Quellstein direkt an der Terrasse.

Ein sehr schöner Garten, der trotz seiner schlichten Gestaltung die Sterilität der Hausfassade entschärft. Die Natürlichkeit der Felsen und das Grün der Bambuspflanzen hauchen diesem Grundstück Leben ein. Der alte Kirschbaum schützt vor den Blicken des hinter dem Garten liegenden öffentlichen Parkplatzes und verleiht dem neu angelegten Garten einen gewachsenen Charakter.

Auch bei der Materialwahl gilt: Weniger ist oft mehr!

Nur wenn ein kunterbunter Materialmix in den unterschiedlichsten Stilrichtungen bewusst inszeniert zu sein scheint, sich der Erschaffer also ganz bewusst gegen eine klare, durchdachte Linie entschieden hat, kann der Garten sogar wieder Stil haben. Keinen Stil zu haben

PLAN – WÜNSCHE

Exakt frisierte Buchsbaumkugeln und das fast sterile, weiß geklinkerte Haus inspirieren zu einer schlichten, reduzierten Gartengestaltung. Eine große Terrasse soll es werden, da sind sich alle einig. „Weniger ist mehr!", so auch tatsächlich der Wunsch der Besitzer. Außerdem muss der Garten in seiner Gänze, und das ist bei der Grundstücksgröße wahrlich nicht viel, nutzbar werden. Das heißt, die Böschung, die selbst im Winter als Rodelhang nichts taugt, soll begradigt werden.

wäre dann der Stil des Gartens. Doch das ist nur schwer zu erreichen. Sich bei der Auswahl für den Garten fast ausschließlich auf ein Material zu beschränken ist das andere Extrem, das allerdings deutlich größeren Erfolg verspricht.

Naturstein ist sehr vielfältig einsetzbar

Natursteinmaterialien, sei es Kalk- oder Sandstein oder auch Grauwacke, können als roher Fels im Garten sowohl bestimmte Funktionen erfüllen als auch Akzente setzen. Ist der Fels mit überdimensionalen Maschinen in kleinste Teile gesprengt worden, bleibt ein kantiges Splittmaterial übrig, das in verschiedenen Korngrößen, die durch Sieben gewonnen werden, Bodenflächen bedecken kann. Wird der rohe Fels grob gespalten, ergeben sich kleinere Steine für den Bau einer Trockenmauer, landet er hingegen in einer riesengroßen Steinsäge, entstehen glatte Platten für die Terrassenfläche.

Gartenidee: www.gartenplus.com

Das Highlight des neuen Gartens:

der große Quellstein.

Basalt-Lava: schlicht und zeitlos

Vor den weißen Klinkermauern des Hauses schafft Basalt-Lava als dunkles Natursteinmaterial sehr schöne Kontraste. Basalt-Lava wird in Deutschland vor allem in Gebieten der Voreifel abgebaut und besticht durch seine leicht poröse Oberfläche. Im Vergleich zu Importen aus Übersee oder Italien überzeugt das heimische Material durch eine höhere Frostbeständigkeit.

Basalt-Lava ist bei einem Vulkanausbruch an die Erdoberfläche befördert worden. Die unregelmäßig großen Löcher in dem Gesteinsmaterial sind beim Erhärtungsprozess entstanden. Wenn man die flüssige Basalt-Lava mit Sprudelwasser vergleicht, sind die Löcher im Gestein quasi die Sprudelblasen, die für diese markante Oberfläche verantwortlich sind – so die sehr vereinfachte Zusammenfassung eines komplexen geologischen Prozesses. Als geradkantig gesägte Platten hat das Material zwar einen sehr schlichten, modernen Charakter, wirkt durch diese einzigartige Oberfläche aber keinesfalls zu steril.

Je weniger Fugen desto edler und pflegeleichter

Für einen Terrassenbelag, der ja normalerweise nicht wie zum Beispiel eine Stellfläche das Gewicht eines Pkw tragen muss, reicht eine Materialstärke von 4–5 Zentimetern aus. Die Größe der Platten ist dabei sehr variabel. Quadratische Formate mit einer Kantenlänge von 40 x 40 Zentimeter sind aus der Betonsteinindustrie bekannt und daher ein Standardmaß. Alles, was darüber hinausgeht, sprich Plattengrößen von 50 x 50 Zentimeter, 80 x 80 Zentimeter oder gar 100 x 100 Zentimeter, hat eine extravagante und sehr großzügige Wirkung, denn der Fugenanteil bei den großen Platten ist um ein Vielfaches geringer als bei einem Belag mit 40 Zentimeter Kantenlänge.

Weitere Vorteile: Die Oberfläche lässt sich deutlich einfacher säubern, und der Unkrautwuchs in den mit feinem Splitt verfüllten Fugen wird von Anfang an beschränkt.

Die Platten werden auf die vorher exakt vorbereitete Splittschicht gelegt und mit einem Gummihammer final ausgerichtet. Die großen Platten sollten möglichst gefühlvoll mit dem Gummihammer bearbeitet werden, da sie bei allzu starker Wucht schneller brechen können als kleinere Platten.

Kreuzfugen sind schön, aber anspruchsvoll

Eine sehr elegante Wirkung haben diese großen quadratischen Plattenformate, wenn sie mit Kreuzfugen – vier Plattenecken stoßen gegeneinander – verlegt werden. Hier müssen Sie jedoch sehr sorgfältig vorgehen, denn fast jede Ungenauigkeit fällt bei diesem sehr markanten Plattenraster sofort ins Auge.

Einfacher ist es, die Platten um ein Drittel oder die Hälfte der eigentlichen Größe versetzt zu verlegen. Halbieren Sie eine Platte, dann haben Sie zwei brauchbare Hälften für den Beginn jeder zweiten Plattenreihe. Dadurch entsteht ein so genannter Halbverband, der insbesondere bei kleineren Plattengrößen mit höherem Fugenanteil empfehlenswert ist.

Die langen, durchlaufenden Fugen werden senkrecht zur hauptsächlichen Laufrichtung verlegt, bei einer Terrasse also immer parallel zum Haus. Der Verlauf der senkrecht zum Haus verlaufenden Fugen ist nicht durchgehend, sofern Sie die Platten im Halb- oder Drittelverband verlegen.

Stehen Sie weniger auf die Starrheit dieser Plattenformate, sondern bevorzugen eher eine lebendigere Unregelmäßigkeit, kann Ihnen die so genannte Bahnenware weiterhelfen. Hierbei handelt es sich um Platten, die in gleich breiten Bahnen angefertigt, aber unregelmäßig

Gerade auf kleinen Flächen bewirkt diese Plattengröße eine optische Großzügigkeit ...

... die den kleinen Garten größer erscheinen lässt.

Tipp:

Alternativ gibt es natürlich auch großformatige Platten aus einem industriell angefertigten Betonstein. Bei einem Gewicht von ca. 80 kg pro Platte sollten die großen Platten zu zweit mit Hilfe eines Vakuumgerätes verlegt werden. Wie ein Staubsauger saugt dieses Gerät die Platten an, wodurch diese an vier Tragegriffen rückenschonend getragen werden können.

Tipp:

Holzwürfel leicht selber gemacht:
Holz ist als Baustoff ein wichtiger Bestandteil, um dem Garten das nötige Leben einzuhauchen. Gerade auf den dunklen Steinflächen entstehen durch gemütliche Holzmöbel schöne Kontraste. Sicherlich ist die Möbelauswahl im Handel sehr reichhaltig und bietet für jede Situation eine passende Lösung, aber Selbermachen ist schöner.

Quadratische Würfel sind mobil und auch in kleinen Gärten willkommene Sitzmöglichkeiten. Bei einer Sitzhöhe von 45 Zentimetern brauchen Sie für jede Würfelseite jeweils drei ebenfalls 45 Zentimeter lange Holzbretter, die zusammen, an die innen liegenden Pfosten verschraubt, einen Würfel ergeben. Die Sitzmöbel bestehen aus Bangkirai. Dieses Holz ist sehr hart und witterungsbeständig. Um die einzelnen Elemente zu verbinden, werden alle Verbindungsseiten abgeschrägt (auf Gehrung gesägt) und aneinandergeschraubt. So halten die Sitzwürfel besser, und die Konstruktion sieht schöner aus. Zum Schluss mit einer Holzlasur bestreichen.

in der Länge zugesägt werden. Auch hier verlaufen die langen, durchgehenden Fugen parallel zum Haus.

Achten Sie beim Verlegen darauf, dass keine Kreuzfugen entstehen und die Fugen senkrecht zum Haus mindestens um ein Viertel der gesamten Plattenlänge verspringen.

Ausreichende Terrassengröße beachten

Unabhängig vom Format und Verlegemuster der Platten ist in kleinen wie in großen Gärten die Terrassengröße ausgesprochen wichtig. Nichts stört im Laufe der Gartenzeit mehr als zu enge Terrassenflächen, auf denen man sich an Tisch und Stühlen vorbeiquetschen muss oder bei einem falschen Tritt im Pflanzbeet steht. Oft nehmen Accessoires wie Kübelpflanzen, Feuerkorb oder Schlauchwagen wichtigen Platz auf der Terrassenfläche weg. Eine Terrassentiefe von 3,50 Meter ist mindestens anzustreben, besser sind 4 Meter. Die Breite richtet sich meistens nach dem Haus, sollte aber mindestens zwischen und 4 und 5 Metern liegen. Der Küchentisch veranschaulicht zusammen mit den Küchenstühlen den Platz, den man tatsächlich braucht, um sich bequem bewegen zu können.

Mit Kies wird es größer

Eine baulich einfache und dazu kostengünstige Variante bietet die Flächenvergrößerung durch Kies oder Splitt. Passend zu dem Terrassenbelag aus Basalt-Lava kann eine Fläche aus Basalt-Lava-Splitt den nutz- und betretbaren Raum erweitern.

Die Splittfläche, die an der eigentlichen Terrassenfläche angrenzt, dient als Stellfläche für Kübelpflanzen oder auch Garten-Dekoration. Somit gehören diese Elemente optisch mit zur Terrasse, nehmen aber dort keinen wertvollen Platz in Anspruch.

Dient die Splittfläche ausschließlich als Stellfläche, sollte die Schotterschicht, die in einer Stärke von 15–20 Zentimeter die Terrasse trägt, auch unterhalb der Splittfläche vorgesehen werden.

Das bietet nicht nur eine tiefgründige Standfestigkeit, sondern lässt auch die Möglichkeit offen, die Splittfläche langfristig durch einen Holzsteg zu ersetzen, der dann die Plattenfläche einrahmen würde. Gerade verwitterte Harthölzer, wie Bangkirai, Itauba etc., passen mit ihrer silbrigen Patina perfekt zu dem Anthrazit der Basalt-Lava. Eine Option, die man dann in Angriff nehmen kann, wenn sich der Geldbeutel ein bisschen erholt hat.

Felsen: schön und nützlich!

Innerhalb dieser Splittflächen können neben den Pflanzen auch größere Steine, sprich Felsen oder Findlinge, wunderschöne Akzente setzen. Ein Basalt-Lava-Felsen, umgeben von gepflanzten Gräsern wie Lampenputzergras oder Japan-Segge, hauchen der Splittfläche das nötige Leben ein.

In diesem Beispiel sind die Felsen nicht nur dekorativ, sondern stützen auch die oberhalb liegende Terrasse. In einem Schwung angeordnet gleichen sie zudem den Höhenunterschied von 1 Meter aus. Wichtig ist die Ausrichtung jedes einzelnen Steines, der nur mit dem geübten Auge eines erfahrenen Landschaftsgärtners so eingebaut werden kann, dass sich kein Bild von purer Willkür ergibt, sondern ein Arrangement, das eine natürliche Felsformation imitiert. Die Felsen müssen so gedreht und gewendet werden, dass die Kanten in ihrem Verlauf möglichst homogen zusammenpassen.

Eine angrenzende Splittfläche – ebenfalls aus Basalt-Lava –

vergrößert die Terrassenfläche zusätzlich.

Tipp:

Verlegen Sie Platten oder Pflaster aus Betonstein lieber auf einer Schicht aus gebrochenem Splittmaterial als auf Sand. Die kantigen Steine verzahnen sich untereinander besser und bilden somit einen stabileren Untergrund. Darüber hinaus können Ameisen diese Splittkörner im Vergleich zu den Sandkörnern nicht durch die Fugen nach oben befördern. Es entstehen also keine Sackungen durch Hohlräume unter den Platten.

Tipp:

Plattenzuschnitt: *Müssen Sie nur einige wenige Platten passgenau zuschneiden, können Sie im Maschinenverleih einen motorisierten Trennschleifer mieten, der mit einem Wasserschlauchanschluss versehen sein sollte, denn die Zugabe von Wasser reduziert bei den Schnittarbeiten die Staubentwicklung.*

Sind allerdings viele Meter Schnitt zu bewältigen, empfehle ich, einen Nassschneidetisch auszuleihen, der zwar aufwändiger aufzubauen ist, aber mit weniger Übung exaktere Schnitte gewährleistet.

Sicherheitstipps:

→ *Schneiden Sie nie mit dem Rücken zu Glasscheiben, da sie durch nach hinten wegfliegende kleine Steine beschädigt werden könnten.*

→ *Denken Sie an eine Schutzbrille.*

→ *Verzichten Sie nicht auf den Gehörschutz.*

Flache Basalt-Lava-Felsen von 15–30 Zentimeter Stärke können so zueinander versetzt werden, dass sie eine attraktive Felsentreppe ergeben, die eine sehr natürlich anmutende Alternative zu den herkömmlichen Treppenkonstruktionen ist und sich viel besser in die Felsenformation einpasst.

Es werde Licht

Damit diese Felsen in der Dunkelheit nicht zur Stolperfalle werden, sollten Sie an eine entsprechende Beleuchtung denken. Doch Licht übernimmt noch eine viel wichtigere Aufgabe im Garten: Es erzeugt Atmosphäre und macht den Außenraum auch bei Dunkelheit zum Erlebnis.

Der Reiz der Beleuchtung im Garten liegt im Wechsel zwischen Licht und Schatten, wodurch auch in der Dunkelheit Räume und Perspektiven entstehen. Licht steht dabei nicht für die sichtbaren Leuchten, sondern für die Kunst, Licht so zu integrieren, dass der Charakter eines Gartens auch nachts inszeniert ist.

Beleuchtung nach Plan

Auch bei der Gestaltung mit Licht ist eine entsprechende Planung von Beginn an von Vorteil, denn sie hilft, Auswahl und Anordnung der Lichtquellen so zu optimieren, dass Licht und Schatten perfekt ausbalanciert sind und raumbildend eingesetzt werden können. Besonders reizvoll wirkt die Lichtatmosphäre, wenn die Vegetation eine eigene Beleuchtung erhält. Lichtakzente verwandeln Bäume und Sträucher in einzigartige Lichtskulpturen.

Licht-Pflanzen

Eine fundierte Planung eröffnet auch die Möglichkeit, Erdkabel bei der Anlage eines Gartens gezielt an die Stelle zu verlegen, wo später Lichtquellen installiert werden sollen. Das muss nicht sofort sein, die Lampen können Sie auch zu einem späteren Zeitpunkt noch aufstellen und anschließen. Erdkabel sind mit einem speziellen Kunststoffmantel umgeben und können somit im direkten Erdkontakt stehen. Achten Sie darauf, die Kabel etwa 60 Zentimeter unter der Erdoberfläche einzugraben, damit sie bei der Gartenarbeit nicht beschädigt werden. Verwenden Sie ein fünfadriges Kabel, damit mehrere Schaltkreise installiert werden können. So wird es möglich, die Teichfläche anzustrahlen, ohne unbedingt die helle Beleuchtung der Baumstämme einzuschalten.

Gras, Gräser und noch viel mehr

Gerade für eine Lichtinszenierung sind Gräser besonders willkommene Pflanzen im Garten. Dadurch, dass sie sich im Wind hin und her wiegen, entsteht durch die Reflexion der Grashalme ein wahres Lichtspiel.

Aber auch bei Tage sind Gräser gern gesehene, schlichte Begleiter für reduzierte Gärten. Gerade das Grau der Basalt-Lava harmoniert ganz fantastisch mit Gräsern, wie Bambus, Lampenputzergras, Chinaschilf oder Japan-Segge.

Die Palette von Gräsern ist sehr reichhaltig: Sie reicht von flach bis riesig, über nässe- und trockenheitsliebend, bis hin zu immergrün oder sommergrün mit wunderschöner Herbstfärbung. Ob gelb, bräunlich oder gar orangerot – Gräser setzen mit ihrem Winterkleid wunderschöne Farbakzente in den kalten Monaten.

Spätestens wenn die Pflanze nach dem letzten Frost im frühen Frühjahr wieder anfängt, neue grüne Grashalme zu entwickeln, ist ein radikaler Rückschnitt der letztjährigen Triebe knapp über dem Boden erforderlich.

Chinaschilf *(Miscanthus sinensis „Gracillimus“)*

Chinaschilf gehört ganz bestimmt zu einer der wichtigsten Gruppen von Ziergräsern im Garten. Da es ein horstartig wachsendes Gras ist, brauchen Sie keine Angst vor wilden Wucherungen im Garten zu haben.

Die Pflanze sieht sehr imposant aus und hat in der Regel schöne Blütenrispen, wobei diese bei der Sorte „Gracillimus“ eher zu vernachlässigen sind, was keinesfalls bedeutet, dass die Pflanze minder interessant ist.

© www.luc-hilden.de

Tipp:

Ein kleiner Garten wirkt viel weniger überladen, wenn er statt mit zehn kleineren Steinen, die zusammen 0,8 Tonnen auf die Waage bringen, mit einem großen Felsen von 1 Tonne Gewicht ausgestattet ist.

Tipp:

Mulch aus Pinienrinde verrottet sehr langsam und setzt mit seiner rötlichen Färbung gefälligere Akzente als das übliche Braun.

Die grazilen, überhängenden Halme machen sie zu einer wertvollen Blattpflanze, die einen halbschattigen bis sonnigen Platz bevorzugt.

Die Grashalme verwandeln sich je nach Sonneneinstrahlung in ein wunderschönes orangefarbenes Herbstkleid.

Pampasgras *(Cortaderia selloana „Pumila“)*
Wer Pampasgras im Garten haben will, sollte über genügend Raum verfügen, sodass das Gras in seiner ganzen Größe gut zur Geltung kommt. „Pumila“ ist mit 1,20 Meter Höhe eine sehr kompakte Sorte, die somit auch für kleine Gärten geeignet ist.

Neben den filigranen Grashalmen sind beim Pampasgras vor allem auch die weißen Blütenrispen interessant, die die Pflanze ab August bis in den Oktober hinein trägt. Die Rispen können 80 Zentimeter lang werden und entwickeln sich am besten in voller Sonne. Da das Gras leicht frostempfndlich ist, ist es empfehlenswert, die Blätter im Winter zusammenzubinden, um sie im zeitigen Frühjahr bis auf 30 Zentimeter abzuschneiden.

Wie viele andere Gräser ist auch Pampasgras sehr empfindlich gegen Staunässe. Achten Sie deshalb darauf, dass der Boden des Pflanzloches gut gelockert ist. Eine 10–20 Zentimeter dicke Kiesschicht hilft, direkte Staunässe unterhalb des Wurzelballens zu verhindern.

Lampenputzergras *(Pennisetum alopecuroides „Hameln“)*
Das Lampenputzergras wächst büschelförmig in einer rundlichen Form. Die meisten Sorten werden zwischen 60 und 100 Zentimetern hoch, die Breite beträgt ungefähr zwei Drittel der Höhe. Das Lampenputzergras und seine Ähren, die ab dem Spätsommer bis spät in den Herbst hinein die Pflanze zieren, sind ein Schmuckstück für den Garten, aber auch sehr gut für einen Trockenstrauß geeignet. Es verlangt einen leicht humosen Boden, der gut wasserdurchlässig, aber nie zu trocken ist. Diese Ziergrassorte wächst ausgezeichnet auf Plätzen in der Sonne

und im Halbschatten, wo sie solitär, also als einzelne Pflanze, aber auch in 3er-, 5er- oder 7er- Gruppen glänzen kann. Die Sorte „Hameln" ist mit etwa 60 Zentimeter Wuchshöhe die kleinste.

Japan-Segge *(Carex morrowii „Variegata")*
Es gibt mehrere tausend Sorten der Gattung Carex, von denen viele für den Garten geeignet sind. Dazu zählen vor allem die immergrünen Sorten wie etwa „Variegata". Dieses Gras setzt durch die schmalen, zugespitzten Blätter mit weiß-gelber Zeichnung schöne Farbakzente in Pflanzbeeten.

In Kombination mit Findlingen ist es ein sehr attraktives Gras, das in Gruppen gepflanzt ein schöne Wirkung aus der Ferne hat. Flächig gepflanzt bildet sich im Laufe der Vegetationsperioden eine geschlossene Pflanzendecke, wenn Sie etwa 5–7 Gräser pro Quadtratmeter einplanen. So entsteht eine schlichte Pflanzendecke, die beispielsweise einem roten Ahorn als Unterpflanzung die geeignete Bühne bietet.

Mit Blüten ...

... lassen sich wunderschöne Dekorationen zaubern.

Tipp:

Deko mit Blüten: *Oft bringen kleine Details ein optisches Highlight in den Garten, zum Beispiel eine Blüte in der Steinmulde oder auf einem Teller platziert. Nehmen Sie dazu eine Schale und füllen diese mit Wasser. Zwei Blätter und eine Blüte Ihrer Wahl hineinstecken sowie zwei abgeschnittene Stiele dazu, und schon haben Sie eine wunderschöne Tischdekoration.*

Wasser ist mehr als nur nass …

„Irgendwas mit Wasser hätten wir schon gern." Diesen Wunsch hört das „Mein Garten"-Team sehr oft. Doch Teichlandschaften in kleinen Gärten – das scheitert meistens an der zur Verfügung stehenden Fläche. Denn allzu kleine Mini-Biotope sind nicht nur biologisch schwierig zu handhaben, sondern auch gestalterisch sehr fragwürdig. Um die Natürlichkeit von Gewässern zu imitieren, sollten die Teichränder die Willkür der natürlichen Formen aufweisen. Gerade Kanten sind tabu, großzügige Schwünge symbolisieren Natur. Um diese Wirkung zu erzielen und einen Pfützencharakter des Gewässers zu vermeiden, brauchen Teiche vor allem eines: Platz!

Nichtsdestotrotz kann Wasser auch in kleinen Gärten ein richtiger Hingucker sein. Wasserbecken als eher geradlinige, architektonische Gestaltungselemente können auch auf engem Raum das Highlight an der Terrasse sein. Hier fühlen sich sogar Mini-Seerosen wohl. Quellsteine als punktuelles, plätscherndes Nass sind nicht nur optisch, sondern auch akustisch sehr attraktiv. Soll es dann doch unbedingt ein Teich sein, dann verwandeln Sie doch einfach Ihren gesamten Garten in eine Wasserlandschaft – auch das geht!

Eine Quelle, die nie versiegt ... fast nie!

In kleinen Gärten ist natürlich das Wasserelement am besten aufgehoben, das am wenigsten Platz in Anspruch nimmt. Hier ist ein Quellstein zu empfehlen, der auch von der pflegerischen Seite her nicht sehr anspruchsvoll ist. Stimmen Sie Farbe und Bearbeitungsweise auf Ihren Gartenstil haben (siehe rechts).

Das technische Prinzip eines Quellsteins ist immer das gleiche: Felsen, Findlinge oder kantig zugesägte Steinblöcke werden mit einer Bohrung für den Wasserdurchfluss versehen und verwandeln sich somit in den klassischen Quellstein. Ein unterirdisches Becken dient als Wasserreservoir. Eine hier positionierte Pumpe ist der Ausgangspunkt des Wasserkreislaufes, indem sie Wasser ansaugt und durch meistens flexible Wasserleitungen zur sichtbaren Quelle befördert. Unterhalb der Quelle kann das Wasser versickern, wird im Wasserbecken wieder aufgefangen und gelangt zurück zur Pumpe. Dieser Vorgang wiederholt sich so lange, bis die Stromzufuhr unterbrochen ist oder die Wassermenge zu gering wird. In heißen Sommern verdunstet nämlich relativ viel Wasser, das Sie unbedingt nachfüllen müssen.

Kontrast oder Harmonie

Besticht ein Garten durch seine schlichte Geradlinigkeit, passt sich ein Quellstein mit gerade gesägten Kanten sehr harmonisch ins Gesamtbild ein. Suchen Sie eher den Kontrast der Natürlichkeit zu der ansonsten schlichten Gestaltung, sollten Sie sich für einen natürlich gewachsenen Findling als Quelle entscheiden.

Besteht die Terrassenfläche aus glatt gesägten Basalt-Lava-Platten, nimmt ein quellender Findling aus dem gleichen Material zwar die Farbe der Platten auf, bildet aber durch seine gewachsene Form sehr interessante Kontraste, ohne dabei als Fremdkörper zu wirken.

Kontraste durch unterschiedliche Farben zu schaffen kann sehr schön aussehen. Ein dunkler Quellstein zum Beispiel wird als zentrales Element auf einer Terrasse, deren helle Sandtöne an die Sonne Südeuropas erinnern, alle Blicke auf sich ziehen.

Dreht sich im Garten alles im Kreis, das heißt, gibt es kreisrunde Sitzflächen, Buchsbaumkugeln oder runde Gartentische, passt eine Kugel als Quellstein perfekt ins Konzept.

Proportionen beachten

Ob hell oder dunkel, rund oder eckig: Ein Quellstein wirkt immer dann fremd, wenn er zu groß oder vor allem zu klein für die Örtlichkeit ist. Soll ein Quellstein aus der Ferne wirken, muss die Dimension entsprechend größer sein, als wenn er in unmittelbarer Terrassennähe vorgesehen ist. Bietet die Terrasse mit 40 Quadratmeter Größe Platz für 10–12 Personen, sollte dieser Quellstein größer sein als der, der am Sitzplatz für gemütliche Abendstunden zu zweit positioniert ist. Eine Normmaß zu benennen ist leider nicht möglich, da Faktoren wie Umfeld, Größe, Funktion immer individuelle Gartensituationen ergeben.

Als Hilfe kann aber vielleicht das folgende Beispiel dienen: Haben Sie einen kreisrunden Sitzplatz von etwa 4 Meter Durchmesser, sollte der Quellstein, mittig aufgestellt, etwa 60 bis 90 Zentimeter breit und hoch sein. In einem Kreis, umgeben von einer 1,50 bis 1,80 Meter hohen Hecke, kommt ein schlankerer Stein besser zur Geltung. Ist die Hecke mit 70 bis 100 Zentimeter Höhe etwas niedriger, wirkt ein Findling besser proportioniert, wenn er eher breit als hoch ist.

Die Natürlichkeit eines Baches genießen

Ein Flussfindling mit seinen weichen Formen ist nicht nur einzeln inszeniert eine Augenweide, sondern auch eine perfekte Quelle für einen sich anschließenden Bachlauf. Der Bachlauf ist ideal für schmale, fast schlauchartige Gärten geeignet.

Auch hier ist ein Wasserkreislauf das technische Prinzip: Am Ende des Laufes gibt es ein Wasserreservoir, welches in größeren Gärten eine sichtbare Teichfläche, in kleineren Gärten ein im Boden eingelassenes Becken sein kann. Das Wasser wird durch eine Pumpe über eine Schlauchverbindung zurück zur Quelle befördert, um dann im Bachlauf wieder zur Pumpe zu fließen. Staustufen sorgen dafür, dass der Bach auch bei nicht laufender Pumpe Wasser führt.

Die Materialwahl für die sichtbaren Staustufen sollte ebenfalls zum Gesamtkonzept des Gartens passen. Während über flache Felsen fließendes Wasser die Natürlichkeit eines Baches imitiert, bekommt der Wasserlauf durch einen seichten Wasserfilm, der geradkantige Stufen überzieht, ein eher architektonischeres Erscheinungsbild.

Die schlichte Eleganz eines Wasserbeckens

Gerade in sehr schlichten architektonischen Gärten kann aber auch ein eckiges oder rundes Wasserbecken die richtige Alternative sein. Ein rechteckiges Wasserbecken in der Mittelachse eines schmalen Gartens betont zwar die Enge des Raumes, ist aber in seiner eleganten Wirkung kaum durch irgendein anderes Gartenelement zu überbieten. Im Boden eingelassen kann es von Holz, Platten oder ganz filigran durch eine dünne Stahlkante eingerahmt sein. An diese Stahlkante kann, neben Holz und Kies, sogar Rasen unmittelbar angrenzen.

Noch stärker wird das Becken betont, wenn es nicht im Boden verschwindet, sondern durch eine Einfassung eine vertikale Ansicht erhält. Diese Einfassung kann mit 15 Zentimetern eine übliche Trittstufenhöhe haben und damit relativ flach über der eigentlichen Gartenfläche liegen oder mit 50 Zentimeter Höhe eine sehr dominante Rolle übernehmen.

Gegenüber einer Einfassung aus Stahl hat ein gemauerter Rahmen, sei es eine Trockenmauer aus Naturstein oder eine verputzte Kalksandsteinmauer mit Abdeckplatte, den Vorteil, dass man direkt am Wasser sitzen kann.

Wasser statt Rasen

Träumen Sie von einer Terrasse, die wie im letzten Skandinavien-Urlaub direkt am Wasser liegt, kann dieser Traum dann auf engem Raum wahr werden, wenn Sie Ihren Garten konsequent in eine Wasserlandschaft verwandeln.

Eine große Teichfläche, die keinen Platz mehr für Rasen zulässt, steht dabei im Mittelpunkt. Die Terrasse könnte unmittelbar ans Wasser grenzen, womit sie im Garten den Freisitz am See in freier Natur imitiert. Ein scheinbar schwimmendes Holzdeck ist relativ leicht zu konstruieren und schafft eine unglaubliche Nähe zum Wasser. An der Terrassenkante sitzend kann man im Sommer sogar die Beine im kühlen Nass baumeln lassen.

Bauliche Voraussetzung hierfür ist es, unmittelbar an der Terrassenkante eine steile Uferkante vorzusehen,

wodurch eine tiefere Teichzone entsteht. Die tiefste Stelle sollte etwa bei 120–150 Zentimetern liegen. So ist gewährleistet, dass sich das Wasser im Sommer nicht allzu schnell erwärmt (was grundsätzlich zu vermeiden ist , da warmes Wasser das Algenwachstum fördert) und im Winter nicht komplett zufriert (wichtig für die Tiere des Teichs).

Allerdings sollte jeder Teich auch flachere Zonen besitzen, damit Pflanzen wie Mini-Rohrkolben, Sumpfiris oder Hechtkraut gedeihen können, aber auch eine Seerose, die Wassertiefen zwischen 50 und 80 Zentimetern braucht, ihren Platz findet. Auch sind die flachen Uferbereiche für nicht so geübte Schwimmer wie Maulwurf oder Spitzmaus sinnvoll, denn fallen die Tiere ins Wasser, können sie an steilen Uferkanten nicht mehr hinausklettern, an seichten, mit Kies und Pflanzen bedeckten Ufern schon.

Eine Kombination von geschwungenen und geraden Uferkanten ist in kleinen Gärten sehr interessant, da die dominante Architektur des Hauses auf diese Weise wieder aufgegriffen werden kann. Das gerade Ufer, das sich durch die Terrassenkante ergibt, kann sich als Begrenzung des alternativen Sitzplatzes am hinteren Ende des Teiches wiederholen. Werden die beiden geradkantigen Sitzplätze durch großzügig geschwungene Uferkanten links und rechts miteinander verbunden, entsteht eine schöne Spannung zwischen der Natürlichkeit des Gewässers und der Architektur des Hauses bzw. der Terrassenflächen.

Ein, zwei, drei Goldfische suchen ein neues Zuhause

Raus aus der Mietwohnung, rein ins Eigenheim, schön gelegen in einem gepflegten Neubaugebiet. Ringsherum Brachland und neu gebaute Einfamilienhäuser. Eines steht fest: Hier, wo noch nichts ist, ist auch noch nichts falsch gemacht worden. Aber wie soll aus dem Nichts ein Gartenparadies werden? Wie werden die Grundstücksgrenzen definiert, ohne dass der Gartenraum noch kleiner wirkt, als er eigentlich schon ist? Wohin kommen die Gartenmöbel im Winter? Und dann sind da ja noch die drei Fische, die sich wie die neuen Eigenheimbesitzer auch an einem größeren Zuhause erfreuen sollen.

← VORHER:

Löwenzahn, Giersch, Ackerwinde, Brennnessel, undefinierbare Grassorten, Spitzwegerich: Nachdem sich herausgestellt hat, dass es sich nicht um eine bewusst inszenierte Unkrautzucht handelt, ist klar: Hier muss sich einiges ändern! Keine Spur von Kreativität, Einöde, soweit das Auge reicht. Einzig und allein eine kleine Terrasse, die wohl im Gesamtpaket mit dem Haus erworben wurde, ist mit dem darauf thronenden Strandkorb ein Anzeichen menschlichen Lebens.

→ NACHHER:

Das kleine Gartenhaus im hinteren Gartenteil bietet nicht nur ausreichend Platz für Terrassenmöbel und Gartengeräte, sondern ist auch Sichtschutz zur hinteren Grundstücksgrenze. Wie der gesamte Garten ist das Gartenhaus im 45-Grad-Winkel zur Hausfassade angeordnet. Diese Anordnung sieht zum einen gut aus, erfüllt zum anderen aber auch einen praktischen Nutzen, denn der kleine dreieckige Winkel, der auf diese Weise hinter dem Gartenhaus entsteht, bietet ausreichend Platz für Kompost oder Regentonne.

Die diagonale Anordnung der einzelnen Flächen im Garten lenkt von dem ansonsten langweilig rechteckigen Grundstück ab und verlängert den Blick in die Tiefe. Im Vordergrund, also in unmittelbarer Terrassennähe, gewöhnen sich bereits die drei umgesiedelten Goldfische an ihr neues Heim, ein Wasserbecken der ganz besonderen Art. Nur durch ein dünnes Stahlband getrennt scheint das Wasser direkt an den Rasen zu stoßen und ist vom vergrößerten Relax-Bereich gut zu überblicken.

PLAN – WÜNSCHE

Während des Umzugsstresses ist das Unkraut hinterm Haus wahrlich ins Unermessliche geschossen. In diesem Punkt sind sich die noch unglücklichen Gartenbesitzer einig: Das Unkraut muss weg. Nur was gibt's stattdessen? „Wir brauchen einen Garten, in dem ich nicht so viel Arbeit habe, mein Mann nach der Arbeit abschalten kann und mein Sohn auch nicht zu kurz kommt", so der Wunsch der jungen Mutter.

Das Möbelschleppen vom Keller hoch auf die Terrasse soll unbedingt ein Ende haben, ein Gartenhaus wird hier Abhilfe schaffen. Und auch für die drei Fische soll es ein neues Zuhause geben.

Fische in Seenot

Umzugsstress! Wer kennt ihn nicht? Umzugskartons hier, Plastikwannen dort. Dann ist da noch der schwarze Mörtelbottich, in dem die drei beschuppten Untermieter mehr schlecht als recht umherpaddeln. Die Fische leben in ihrem Behelfsheim, das, abgestellt im Keller, vor der Hitze des Sommers geschützt und mit einem Sauerstoffspender ausgestattet ist. Während die Fische im Keller ihrer letzten Stunde im Bottich entgegenfiebern, entsteht im Garten ihr neues Wasserheim, nicht zu klein für die neuen Bewohner, aber gerade so groß, dass es in dem kleinen Garten nicht zu wuchtig wirkt.

Für einen Teich, der durch seine großzügige Wasseroberfläche und die natürlichen Uferkanten zum Hauptakteur im Garten wird, ist hier kein Platz, da neben einer Terrasse für die Eltern und dem Rasen für den Junior, auch noch Platz für ein Gartenhaus und üppige Pflanzbeete eingeplant werden musste.

Gartenidee: www.gartenplus.com

Tipp:

Da der 30 Zentimeter tiefe Fuß der Winkelsteine – die vordere 50 Zentimeter hohe Kante und der 30 Zentimeter tiefe Fuß ergeben zusammen den Winkel – jeweils außerhalb des zukünftigen Wasserbeckens liegt, ist die auszuhebende Fläche größer als die später sichtbare Wasseroberfläche. Soll also die Wasserfläche am Ende 2 x 1 Meter groß werden, muss der Aushub 2,60 x 1,60 Meter Fläche umfassen.

Nach dem Schottereinbau dient eine Betonbettung von 10 Zentimeter Stärke als Auflagefläche für den zu versetzenden Winkelstein. Achten Sie darauf, dass diese Auflage aus Beton so exakt mit Schnur, Kelle und Wasserwaage vorbereitet ist, dass Sie den schweren Betonwinkelstein nicht immer wieder hin und her bewegen, sondern nur noch einmalig mit einem Gummihammer ausrichten müssen.

Wasser zum Greifen nah

Trotzdem brauchen die Fische Wasser und bekommen ein Wasserbecken, das mit seinen starren Kanten seine künstliche, also von Menschenhand geschaffene, Herkunft nicht leugnet und daher auch mit seiner vergleichsweise geringen Wasseroberfläche einiges hermacht.

Entsprechend der diagonal ausgerichteten Grundstruktur des Gartens stößt das rechteckige Wasserbecken zwar unmittelbar an die durch das Holzdeck vergrößerte Terrasse, lässt aber noch genügend Platz für eine Bepflanzung in Hausnähe, die einerseits durch Farbakzente überzeugt, andererseits Sichtschutz für die Familienabende bietet.

Im Boden eingelassen ist das Treiben der Fische auch im Sitzen von der Terrasse aus sehr bequem zu beobachten. Und das Becken ist sogar tief genug, um die Beine im Wasser abzukühlen.

Zuerst die Arbeit, dann das Vergnügen

Weniger erfrischend ist das Setzen der Winkelsteine, die als Unterkonstruktion nachher zwar nicht mehr sichtbar sind, aber nicht nur im sprichwörtlichen Sinne eine tragende Rolle spielen. Betonwinkelsteine von 50 Zentimeter Höhe sollten für dieses Wasserbecken ausreichen.

Rechnet man eine Tragschicht aus Schotter unterhalb der Steine und eine Betonbettung als Ausgleichsschicht zwischen Stein und Schotter mit ein, muss der Boden im Bereich des Beckens 70 Zentimeter tief ausgehoben werden. Die fruchtbare obere Bodenschicht, die je nach Region zwischen 10 und 40 Zentimetern stark ist, können Sie seitlich lagern, um sie nach dem Einbau der Winkelsteine wieder als Füllmaterial zu nutzen. Die unteren lehmigen bzw. steinigen Schichten sollten Sie entsorgen.

Wasser trifft Rasen

Soll, wie in diesem Garten, eine Stahlkante das Wasser begrenzen, müssen die Oberkanten der Winkelsteine sehr genau 8 Zentimeter unter der letztendlich angestrebten Wasseroberfläche eingebaut werden – das entspricht der Höhe der Stahlkante, die deshalb mindestens 8 Zentimeter sein sollte, damit zwischen Rasensoden und Winkelsteinen noch genügend Platz für Boden ist. Eine vorher gespannte Maurerschnur erleichtert das exakte Arbeiten.

Sind alle Winkelsteine gesetzt, können Sie aus dem Beckeninnern noch Boden ausheben, der direkt wieder hinter den gesetzten Steinen verfüllt werden kann. So erhalten Sie eine Beckentiefe von mindestens 80–120 Zentimetern, die für Fische auch in Frostperioden ein komfortables Wasservolumen bietet. Die zuvor im Garten gelagerte Erde aus den oberen Bodenschichten können Sie anschließend hinter den Winkelsteinen verteilen, wenn die Stahlkanten fixiert sind.

Die Stahlkante ist eine Sonderkonstruktion und nur im spezialisierten Fachhandel erhältlich. Die Suche danach lohnt sich aber allemal, da der spätere Effekt gigantisch ist.

Das Stahlprofil wird mit Nieten so auf den Winkelsteinen fixiert, dass ein rundherum geschlossener Rahmen entsteht. Nun müssen Sie innerhalb des Beckens die PVC-Teichfolie verlegen, die – möglichst faltenfrei – in den Ecken mit einem Heißluftfön verschweißt wird.

Da die Stahlkante mit einer PVC-Schicht versehen ist, verbindet sich die Teichfolie bei Erhitzen mit der Stahlkante, und die Naht ist nach dem Erkalten hundertprozentig wasserdicht. Holen Sie sich für diese Arbeit einen

Das Stahlprofil wird mit Nieten ...

... auf den Winkelsteinen fixiert.

Tipp:

Glatt geht auch. *Sollte Ihr ästhetisches Empfinden die unruhigen, geriffelten und selbst die genuteten Holzoberflächen verbieten, sondern eher die Schlichtheit der profilfreien, glatten Terrassendielen vorziehen, ist das natürlich auch möglich. Wichtigste Voraussetzung dafür ist, dass der Einsatzbereich an der Südseite des Hauses in voller Sonneneinstrahlung liegt, sodass das Holz nach Regen oder starkem Morgendunst schnell trocknen kann.*

Landschaftsgärtner zu Hilfe, der dann auch die Gewährleistung für die Dichte übernimmt. Sind alle Ränder verschweißt, können Sie überstehende Folienreste abschneiden und den Wasserhahn aufdrehen.

Während das Wasser langsam einläuft, sollten Sie den Boden mit einer 5 Zentimeter starken Kiesschicht abdecken, in flacheren Randbereichen Findlinge dekorieren und Wasserpflanzen einsetzen. Dann ist es Zeit, die drei Goldfische behutsam an die neue Umgebung zu gewöhnen (siehe Seite 108).

Bereiten Sie die an das Becken angrenzenden Rasenflächen so vor, dass die frisch verlegte Rollrasennarbe etwa 1–2 Zentimeter unterhalb der Stahloberkante liegt, damit nach dem Mähen das Wasser nahezu oberflächengleich auf den Rasen trifft.

Es muss nicht immer Rasen sein

Natürlich können auch anders definierte Flächen in unmittelbarem Kontakt zu dieser unauffällig eingerahmten Wasserfläche stehen.

Zum Beispiel sehen Kieselsteine wie an einer Perlenkette aufgereiht entlang dieser Kante sehr attraktiv aus und purzeln durch die Einfassung auch nicht ins Wasser. Auch mit einer teppichartigen Bodendeckerbepflanzung können sehr schöne Effekte erzielt werden. Und da man mit dem Rasenmäher sowieso nicht ganz bis an die Stahlkante heranfahren kann, ist eine solche Bepflanzung auch eine praktische Lösung für dieses Problem. Ein angrenzender Bodenbelag aus Stein oder Holz lädt zum Sitzen direkt am Wasser ein.

Holz ist durch seine warme Ausstrahlung ein idealer Partner für kühle Wasserflächen. Achten Sie aber auf die Rutschfestigkeit!

Profile auf den Terrassendielen verleihen etwas mehr Standfestigkeit. In der Regel unterscheidet man zwischen Riffel- und Nutprofilen. Bei den Nutprofilen wird in gleichen Abständen ein kantiges „U" ausgestanzt, wodurch die Holzoberfläche relativ eben bleibt und etwas eleganter wirkt als die unruhige, fast wellige Oberfläche des Riffelprofils. Da die Vertiefungen des Nutprofils tiefer sind, kann sich hier allerdings mehr Staub ansammeln, was einen etwas höheren Pflegeaufwand bedeutet. Denken Sie daran, dass in dunklen Schattenbereichen das Holz trotz aller Profiloberflächen durch Algen- und Moosbewuchs rutschig werden kann.

Ein Glücksbrunnen als zentraler Blickpunkt auf der Terrasse

Umgeben von einem Holzdeck, kann ein kleines quadratisches Wasserbecken der Blickpunkt auf der Terrasse werden. Um beim ersten Verrücken nicht mit den hinteren Stuhlbeinen im Wasser zu landen, empfiehlt es sich, dieses Wasserbecken mit einer Mauer einzurahmen. Sollte diese Mauer etwa 50 Zentimeter hoch sein, kann sie sogar als zusätzliche Sitzfläche auf der Terrasse dienen. Doch nicht nur aus Sicherheitsgründen ist diese Bauweise zu empfehlen. Optisch kommt dieses Wasserbecken mitten auf der Terrassenfläche erst durch die Mauer richtig zur Geltung.

Gerade in einer orientalisch-nordafrikanisch angehauchten Gartengestaltung ist ein solches Wasserbecken gut aufgehoben, da es mit seiner Ausstrahlung an die kleinen Innenhöfe Marokkos erinnert.

In einem solchen Umfeld bieten sich für den Mauerbau helle Natursteinmaterialien in Sandtönen an. Das Format der Mauersteine sollte nicht allzu willkürlich sein, damit eine quadratische oder rechteckige Mauer

Dieses Wasserbecken …

… ist das absolute Highlight auf der Terrasse.

Ab ins neue Heim.

Die drei Goldfische fühlen sich im neuen Becken sichtlich wohl.

gebaut werden kann, die, in Mörtel fixiert, dem eingelassenen Becken einen stabilen Halt gibt.

Die Größe des Wasserbeckens sollte sich an den Standardmaßen von den im Handel erhältlichen Kunststoffbecken orientieren. Glasfaserverstärkte Kunststoffbecken, kurz GfK, werden dem alles entscheidenden Qualitätsanspruch gerecht: Sie sind hundertprozentig wasserdicht und werden auch im Alter nicht porös. Nachdem die umgebenden Mauern entsprechend der Beckengröße errichtet worden sind, kann das GfK-Becken eingelassen und auf einer Sandschicht waagerecht ausgerichtet werden. Vorsicht: Da das später eingelassene Wasser jegliche Bauungenauigkeit verrät, müssen die Mauern möglichst exakt sein, denn der Kunststoffrand des Beckens liegt hier auf.

Damit der schwarze Beckenrand nicht sichtbar bleibt, sollten Sie eine Beckenrandabdeckung einplanen, die auch als Sitzfläche dienen wird. Dieser Beckenrand kann aus dem gleichen Material wie die Mauer bestehen, aber auch den umliegenden Bodenbelag wiederholen.

Klare Sicht ist ein Muss

Natürlich ist dieses Gestaltungselement nur dann eine Bereicherung auf der Terrasse, wenn das Wasser nicht über kurz oder lang zur grünen Brühe mutiert. Gerade die relativ geringen Wassermengen kleiner Becken heizen sich in heißen Sommern relativ schnell auf, was das Algenwachstum beschleunigt. Regelmäßiger Wasseraustausch und Säuberung des Beckens helfen, das Wasser algenfrei zu halten, bedeuten aber einen gewissen Pflegeaufwand.

Um auf die Chemiekeule zu verzichten, müssen Sie auf entsprechende technische Hilfe aus dem Handel zurückgreifen. Da in einem kleinen quadratischen Becken Schlauchverbindungen von externen Filtern nur schwer zu verstecken sind, bietet sich ein Filtersystem an, das unter Wasser innerhalb des Beckens integriert ist.

Das Gehäuse des Filters kann leicht mit zwei, drei alten roten Dachschindeln kaschiert werden, da es aufgrund seiner Größe eher an eine normale Pumpe erinnert. Innerhalb dieses Filters sorgt UV-Licht für eine Verklumpung und damit eine Vernichtung der Algen, und zusätzliche Filtersteine reinigen das Wasser sowohl biologisch als auch mechanisch.

Darüber hinaus bietet dieses kompakte Filtersystem noch die Möglichkeit, über Fontänenaufsätze an der Wasseroberfläche für attraktive Wasserbewegung zu sorgen.

Das für das System nötige Stromkabel sollte an der am wenigsten eingesehenen Seite des Beckens unterhalb der Abdeckung durchgeführt werden.

Akzente mit Miniaturblüten

Wollen Sie auch bei kleinen Wasserflächen nicht auf die sommerliche Blütenpracht verzichten, eröffnet eine Auswahl von schwimmenden Pflanzen im Miniformat ungeahnte Möglichkeiten:

Mini-Seerose *(Nymphaea Hybride Mad Maurice Laydecker)*
Die Zwergsorte ist auch in kleinen Wasserflächen gut aufgehoben, da sie längst nicht so wuchsfreudig ist wie die heimische Ursprungssorte. Sie kommt mit einer Wassertiefe von 30–50 Zentimetern zurecht und ist in halbschattiger Lage am blühfreudigsten. Die kleinen roten Blüten sind zwischen Juni und September ein schöner Farbklecks im Wasser.

Altes Schätzchen im Garten:

Oft lohnt sich die Renovierung eines vorhandenen Wasserbeckens.

Tipp:

Renovierung undichter Wasserbecken aus Beton : *Bereits vorhandene Becken bekommen Sie ganz leicht wieder dicht: Dazu gibt es einen speziellen Mörtel. Er ist leicht zu verarbeiten und wird 1,5 Zentimeter dick aufgetragen. Trocknen lassen und fertig.*

Froschbiss *(Hydrocharis morsus-ranae)*
Die Pflanze verdankt ihren Namen den kleinen schwimmenden Blättern, deren Form an die eines Froschmauls erinnert. Die zierlichen weißen Blüten bilden zwischen Juni und August einen wahren Blütenteppich. Wassertiefen sind bei dieser Pflanze nicht zu beachten, da die Wurzeln ihre Nährstoffe nicht aus dem Teichgrund ziehen, sondern aus dem Wasser, das sie umgibt.

Wasserhyazinthe *(Eichhornia crassipes)*
Die Wasserhyazinthe ist im Gegensatz zur Seekanne nicht heimisch, sondern stammt aus Südamerika. Sie ist in Europa als Zierpflanze insbesondere für Gartenteiche bekannt. Durch ihr aggressives Wachstum ist sie als Einwanderer in europäischen Gewässern zu Recht als Unkraut verrufen. Gerade in durch Industrie aufgewärmten Gewässern haben die Pflanzen auch hierzulande reelle Überlebenschancen. Ohne ihre natürlichen Fressfeinde verdrängen sie dann schnell heimische Wasserpflanzen. Die Pflanze gehört also unbedingt nur in den kontrollierten Anbau innerhalb Ihres eigenen Gartens und nicht in die freie Natur! Zahlreiche Blüten erfreuen Ihr Gärtnerauge zwischen Juni und November sehr zahlreich, wenn die Teichlage nicht allzu schattig ist. Eine Wassertemperatur zwischen 15 °C und 18 °C ist für diese Pflanze besonders wichtig. Deswegen sollte sie im Winter in einem Kunststoffbottich in der Garage frostfrei gelagert werden, um im Frühjahr wieder zurück in den Teich zu wandern. Diese Auslagerung gewährleistet zudem einen ständigen Rückschnitt der Pflanze und damit eine Kontrolle der extremen Wuchsfreudigkeit.

Seekanne *(Nymphoides peltata)*
Diese kleine heimische Schwimmpflanze ist im Jahre 2006 nicht nur deshalb zur Wasserpflanze des Jahres gekürt worden, weil sie auf der roten Liste der vom Aussterben bedrohten Pflanzen steht, sondern weil ihre kleinen gelben Blüten einfach sehr schön anzusehen sind. Die Knospen entwickeln sich unter Wasser und öffnen sich bei Reife und entsprechender Sonneneinstrahlung oberhalb des Wasserspiegels. Leider blühen sie nur einen Tag, aber das besonders schön.

Erst die richtigen Pflanzen …

… machen das Wasserelement perfekt.

Eine Wasserlandschaft: Erfrischung für Körper und Geist

An diesem Beispiel sieht man deutlich, wie wichtig eine gute Planung ist. Bestimmt zehn Anläufe haben die stolzen Gartenbesitzer genommen, um ihren Traum von Grün zu verwirklichen. Zehnmal angefangen, zehnmal frustriert aufgehört. Beim ersten Anlauf wurde der Erdaushub für das erste Kunststoffbecken fein säuberlich als Erdwall modelliert. Beim fünften Versuch stellte sich heraus, dass genau da, wo der Erdwall angehäuft wurde, die Abendsonne am längsten steht. Also, der ideale Platz für einen Sitzplatz im Garten mit Blick aufs Haus. Dieser Garten ist Frustration pur. Nur ein Garten, der von Beginn an strukturiert bearbeitet wird, entwickelt sich zu dem Traum, den Sie sich wünschen. Gärtnern mit Konzept: macht Spaß und spart Geld!

← VORHER:

Dieser Garten ist eine einzige große Baustelle, auf der viel begonnen, aber nichts zum Abschluss gebracht wurde: drei Kunststoffbecken, von denen zwei überflüssig sind, zehn Rosenzuchtversuche an den falschen Stellen und zu allem Überfluss eine Terrasse, deren Holz nach drei Jahren beinahe als Kompost wieder einsetzbar ist. Der Garten ist Frust pur. Und nicht nur das: Er produziert trotz der billigen Errungenschaften Kosten, denn billig ist nicht immer preiswert, so die Lebenserfahrung, die so mancher Garten offenbart.

→ NACHHER:

Unsere Lösung: Der ganze Garten wird zur Wasserlandschaft. Und um nicht immer mit dem Paddelboot zu dem hinten im Garten gelegenen neuen Sitzplatz rudern zu müssen, weisen Trittsteine, die knapp über der Wasseroberfläche liegen, den Weg.

Das Holzdeck nimmt mit seiner Viertelkreisform die natürlichen Linien des Gewässers auf und schwebt quasi über dem Wasser. Für die nötige Behaglichkeit am Sitzplatz sorgen im Rücken wunderschöne Sichtschutzelemente im Bambusdesign, die ausgezeichnet zu den Bambuspflanzen und Gräsern rund um den Teich passen. Eine der Holzdeckform angepasste Pergola wird sich im Laufe der nächsten Jahre in ein Dach aus Weinblättern verwandeln, das den Sichtschutz von oben garantiert.

Die Natursteinmauer, die im Wasser stehend den Höhenunterschied zwischen Terrasse und Wasseroberfläche ausgleicht, ist ein weiteres Highlight im Garten. Und die Fische, die wir tatsächlich in einem der Bottiche gefunden hatten, fühlen sich im neuen Teich pudelwohl.

PLAN – WÜNSCHE

Der sehnlichste Wunsch des Gartenbesitzers: „Einmal richtig und vor allem schön machen." Schön bedeutet für ihn und seine Frau in erster Linie Wasser im Garten und kein Rasenmähen. Dazu mögen sie Gräser und Steine, große, kleine, runde und eckige. Die idealen Voraussetzungen für eine Wasserlandschaft, frei von jeglichem Rasenmähergeräusch.

Damit hätte keiner gerechnet: Wasser läuft den Berg hinab!

Die Vorbereitung der Teichfläche ist das A und O, denn nichts offenbart bauliche Mängel erbarmungsloser als Wasser. Das gilt vor allem für den Teichrand, denn ist dieser zu ungleichmäßig hoch, pendelt sich das Wasser auf die Höhe der niedrigsten Stelle ein. Darauf müssen Sie besonders aufpassen, wenn Sie den Rand mit Erde modellieren. Das geht recht einfach, birgt aber die Gefahr, dass sich bei der Teichpflege durch die Trittbelastung Bereiche absenken und dort Wasser ausläuft. Von daher ist eine stabile, unter der Teichfolie liegende Teicheinfassung, die die Wasserstandshöhe definiert, sehr zu empfehlen. Hierzu eignen sich zum Beispiel alte Rasenkantensteine oder Pflastersteine, die Sie in ein 10 Zentimeter starkes Betonbett setzen sollten.

Trick: Holzpflöcke und PE-Rohr

Es gibt auch eine andere gute und vor allem schnelle Methode, um den Teichrand zu fixieren: Dafür rammen Sie

Gartenidee: www.gartenplus.com

einfach kurze angespitzte Baumpfähle im Abstand von ca. 1 Meter rings um die geplante Wasserfläche in den Boden. Nun geht's um die definitive Wasseroberfläche. Diese sollten Sie im Verhältnis zu einem in unmittelbarer Nachbarschaft liegenden, fixen Punkt im Garten festlegen. Orientiert sich die Wasserfläche beispielsweise an einem vorhandenen Pflasterweg, könnte die anvisierte Wasseroberfläche etwa 10 Zentimeter tiefer als dieser liegen. Mit der Wasserwaage können Sie den Höhenpunkt des Weges an den nächstgelegenen Pflock des Teichrandes übertragen. Eine Markierung 13 Zentimeter unter diesem übertragenen Höhenpunkt definiert die zukünftige Höhe der eingeschlagenen Holzpflöcke. Nun können Sie mit der Wasserwaage von Pflock zu Pflock die immer gleich bleibenden Höhenpunkte übertragen. Wenn Sie exakt gearbeitet haben, sollte der letzte markierte Punkt die gleiche Höhe wie der erste haben.

Auf Höhe der Markierungen können die Baumpflöcke nun abgesägt werden, damit sie alle umlaufend die gleiche Höhe haben. Fixieren Sie dann ein PE-Rohr – das sind die schwarzen Wasserleitungen mit den blauen Streifen – mit etwa 3 Zentimeter Durchmesser mit Kreuzschrauben von oben auf den Holzpflöcken. Die Oberkante dieses Rohres liegt nun, wie gewünscht, 10 Zentimeter unter dem vorhandenen Pflasterweg, definiert also die zukünftige Wasseroberfläche.

Kies am Teichrand

Entlang des Teichrandes sollte ein Kiesstreifen die Wassergrenze festlegen. Hierbei handelt es sich nicht nur um einen optischen Effekt, sondern auch um ein technisch wichtiges Detail. Denn stünde das Wasser in unmittelbarem Kontakt zum Gartenboden, würde es durch kapillare Kräfte unentwegt aus dem Teich gesogen werden. Der ständig sinkende Wasserspiegel ist in dem Fall also nicht auf ein Leck in der Folie zurückzuführen, sondern auf die Kraft des Bodens.

Tipp:

Check der Wasserwaage *Überprüfen Sie vor Beginn der Arbeit die Genauigkeit der Wasserwaage. Legen Sie das Messgerät auf eine ebene Fläche, zum Beispiel den Pflasterweg, und merken Sie sich den Stand der Wasserblase. Drehen Sie sie nun um 180 Grad und überprüfen Sie nochmals den Stand der Blase. Stimmt der Stand mit dem vorherigen überein, ist das Messgerät exakt justiert. Verschiebt sie sich, taugt das Gerät nichts mehr.*

Eine sichtbare Steinkante unterstützt die kapillare Unterbrechung und trennt den Kiesstreifen von angrenzenden Pflanz- oder Rasenflächen. So wird die Pflege erleichtert und die gewählte Teichform gestalterisch betont.

Der scheinbar direkte Übergang von Wasser zu Rasen durch eine Stahlkante ist auch bei Teichen ein fantastischer Effekt (siehe Seite 83).

Teichfolie hält dicht

Der Kies am Teichrand ist neben Kapillarsperre und Dekoration auch ein Schutz für die unterliegende Teichfolie. Freiliegende und damit der Sonnenstrahlung ausgesetzte Teichfolie wird nämlich im Laufe der Jahre porös, weil sich die so genannten Weichmacher verflüchtigen. Die Folie wird spröde und bricht.

Das kann bei vorgefertigten GfK-Becken, die es in unterschiedlichsten Formen und Größen zu kaufen gibt, nicht passieren. Dafür hat die Teichfolie aber den Vorteil, dass sie eben nicht vorgefertigt ist und für jede beliebige Teichform individuell anpassbar bleibt.

Während Kies von oben schützt, verhindert eine Sandschicht unterhalb der PVC-Folie, dass sich Erdklumpen oder kleine Steinchen durch die Abdichtung bohren. Große Steine und spitze Wurzeln sollten auf jeden Fall vorab entfernt werden. Alternativ kann ein Schutzvlies,

Eine Teichfolie lässt sich der Form Ihres geplantes Teiches …

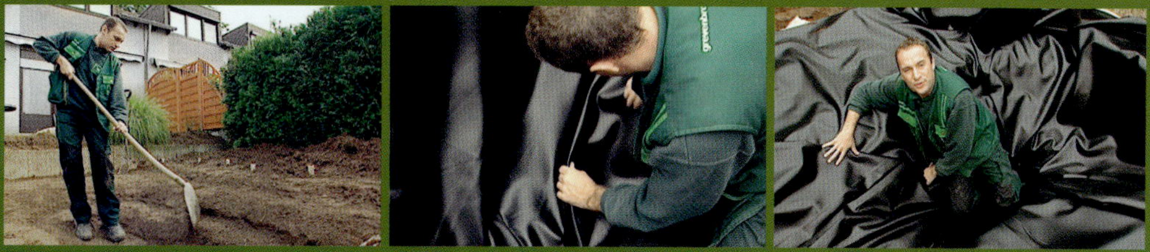

… ohne Probleme individuell anpassen.

Tipp:

Warten Sie auf Sonnenschein! *Und noch ein Tipp: Verlegen Sie die Folie nach Möglichkeit an einem warmen, sonnigen Tag, denn dann lässt sich die Folie viel besser falten und verlegen.*

Fixieren Sie das PE-Rohr auf den Holzpflöcken.

So können Sie den genauen Wasserstand definieren.

Tipp:

Planen Sie einen Überlauf: *Legen Sie eine niedrigste Stelle am Teichrand fest. An dieser Stelle können Sie die Holzpflöcke zusammen mit dem fixierten PE-Rohr etwa 1 Zentimeter tiefer in den Boden schlagen. Hier wird nach einem starken Regen als Erstes Wasser überlaufen. Der Überlauf sollte an einer seitlichen Stelle im Garten liegen, damit keine Wasserpfützen auf Terrasse und Rasen entstehen. Eine Kiespackung von 50 x 50 x 100 Zentimeter Volumen garantiert ein schnelleres Ablaufen des Wassers.*

das etwa 300 g/qm schwer und entsprechend dick sein sollte, die Schutzfunktion vom Sand übernehmen.

Eine mindestens 1 Millimeter starke Teichfolie reduziert von vornherein die Gefahr von mechanischer Beschädigung.

Teichfolie ist nicht immer dekorativ

Da die schwarze Folie im hoffentlich glasklaren Wasser auch am Boden des Teichs zu sehen ist, sollten Sie diesen aus optischen Gründen mit Kies oder Splitt bedecken. Auch hier gilt: Auf allzu steilen Teichmodellierungen hält kein Kies. Schaffen Sie deshalb innerhalb des Teiches verschiedene, ausreichend breite Ebenen. Diese verschiedenen flachen und tiefen Teichzonen sind aber auch, wie bereits erwähnt, biologisch sehr wertvoll (siehe Seite 78ff.). Da verschiedene Wasserpflanzen unterschiedliche Ansprüche an Wassertiefen haben, sind Flach- und Tiefzonen ein wichtiges Qualitätsmerkmal von Teichen.

Steilere Uferzonen sind in Teilbereichen nicht zu vermeiden, wenn man im Gesamten eine gewisse Teichtiefe erreichen will. Stört Sie der Blick auf die schwarze Teichfolie in diesen Bereichen, können Sie sie mit einem alten Jutesack kaschieren, der innerhalb kürzester Zeit von Unterwasserpflanzen besiedelt wird.

Im Handel erhältliche Kiesfolie – hier klebt Perlkies auf der schwarzen Folie – kann solche Bereiche ebenfalls abdecken. Wollen Sie die doppelte

Folienschicht sparen, können Sie die Kies-Kleber-Emulsion, die vor Einlass des Wassers auf die bereits verlegte Teichfolie gestrichen wird, auch ohne zusätzliche Folie erwerben.

Die alten Böschungssteine kommen gerade recht

Wer hätte das gedacht? Die zuvor im Gartendesaster gefundenen roten Böschungssteine bekommen eine neue, sinnvolle Aufgabe: Übereinandergebaut und mit Beton verfüllt dienen sie dem neuen Holzdeck, dem Sitzplatz in der Abendsonne, als Auflagefläche. Es entsteht eine steile, aber stabile Böschungskante, die unter der später verlegten Teichfolie verschwindet. Damit sind die Böschungssteine nicht mehr sichtbar und haben nur noch eine tragende Funktion.

Die Teichfolie wird oberhalb der Böschungssteine umgeklappt und durch das Gewicht des aufliegenden Holzdecks festgehalten. Nachdem die Folie ausreichend lang verlegt wurde, sollte der Teich zu drei Vierteln mit Wasser befüllt werden, damit sich die Folie in alle Ecken zieht und fest am modellierten Untergrund anliegt.

Erst jetzt dürfen die Unterzüge des Holzdecks ausgelegt und die Terrassendielen aufgeschraubt werden. Erfolgt dieser Schritt vor Einfüllen des Wassers, kann die durch das Holzdeck festgeklemmte Folie reißen.

Mithilfe dieser Natursteine entsteht eine steile Mauer …

… die sich wunderbar bepflanzen lässt.

Tipp:

Achten Sie darauf, dass der Kiesstreifen am Rand nicht zu schmal ausfällt. Die ebene Auflagefläche links und rechts neben dem PE-Rohr sollte mindestens 30 Zentimeter breit sein. Sonst besteht die Gefahr, dass die Kieselsteine in den Teich abrutschen.

Aus rein dekorativen Gründen empfehle ich, verschiedene Kiesgrößen zu vermischen. Feiner Kies mit einer Körnung von 2/5 verleiht dem Teichrand im Wechsel mit einer gröberen Siebung von 8/16 und vereinzelten größeren Kieselsteinen von 32/64 ein natürliches Aussehen.

Das Holzdeck gegenüber der Terrasse …

… erhält eine runde Form.

Tipp:

Auf die Schrauben kommt es an: *Um eine Schwarzfärbung der Verschraubung zu umgehen, sollten Sie V4A-Schrauben bevorzugen.*

Bauanleitung Holzterrasse

Konstruiert wird das Holzdeck wie eine ganz normale Holzterrasse. Da das Holzdeck etwa 13 Zentimeter über der zukünftigen Wasseroberfläche liegen soll, sollten die Unterzüge etwa 90 x 90 Millimeter stark sein. Da das Holzdeck eine runde Form erhält („Holzdeck kreisrund konstruieren", siehe Seite 44), müssen die Terrassendielen möglichst senkrecht auf die Wasserfläche zulaufen. Nur so ist ein sauberer, runder Schnitt zu gewährleisten. Das bedeutet für die Unterzüge, dass sie im rechten Winkel zum späteren Verlauf der Terrassendielen im Abstand von 50–60 Zentimetern zueinander verlegt werden müssen.

Im wassernahen Bereich sollten unbedingt witterungsbeständige Harthölzer verwendet werden, da die Verblendung, die zum Abschluss der Holzdeckmontage entlang der rund zugesägten Kante verschraubt wird, zu einem Teil in ständigem Wasserkontakt steht. Während die Unterzüge im vorderen Bereich auf den Böschungssteinen aufliegen, können sie in der Restfläche in Splitt eingerieben werden. Damit Regenwasser ablaufen kann, darf das Splittmaterial nicht zu fein sein und muss mit 2/5 eine etwas gröbere Körnung aufweisen.

Alle im Fachhandel erhältlichen Harthölzer haben eine feinstrukturierte Oberfläche meist ohne Astlöcher. Für die Verarbeitung braucht man unbedingt gute, also scharfe Geräte.

Hier drei Hölzer, die für diesen Zweck sehr gut geeignet sind:

Bangkirai
Herkunft: Südostasien
Farbe: rötlich-bräunlich
Haltbarkeit: gut, 25 Jahre

Itauba
Herkunft: Südamerika
Farbe: gelblich
Haltbarkeit: gut, 25 Jahre

Masanranduba
Herkunft: Südamerika
Farbe: dunkel, rötlich-bräunlich
Haltbarkeit: sehr gut, 30 Jahre; extrem hartes Holz

Achten Sie bei Kauf des Holzes unbedingt auf das bereits erwähnte FSC-Siegel (siehe Seite 41)!

Pflanzen für den Teich

Der Teich beginnt erst dann an zu leben, wenn die Wasserpflanzen anfangen zu blühen. Unterschätzen Sie das Wachstum einiger Pflanzen nicht. Fühlen sie sich einmal wohl, können sie sehr besitzergreifend werden. Pflanzen Sie anfangs daher lieber weniger und beobachten

Einfach ein Holzbrett von hinten ansägen …

… schon lässt es sich biegen.

Tipp:

So wird die Verblendung rund: *Ein rundes Holzdeck zu verkleiden hört sich erst einmal kompliziert an, ist es aber gar nicht. Schneiden Sie einfach das dafür vorgesehene Brett in regelmäßigen Abständen mit einer Handkreissäge von hinten ein (bis auf 5 Millimeter, nicht ganz durchsägen). Schon können Sie das Holz biegen.*

Achten Sie darauf, dass der Kiesstreifen breit genug angelegt ist.

So schaffen Sie einen schönen Übergang zwischen Wasser und Land.

Tipp:

Wasserpest: *Eine für den Teich sehr geeignete und dazu noch sehr hübsch anzuschauende Pflanze ist die Wasserpest. Diese kann Ihnen unter Umständen den Filter sparen, denn sie reichert Sauerstoff an. Doch Achtung: Setzen Sie nicht so viele Exemplare ein, denn die Wasserpest vermehrt sich sehr schnell – vor allen Dingen dann, wenn der Teich in der prallen Sonne liegt.*

Sie die Entwicklung. Nachpflanzen macht viel mehr Spaß als das Herausreißen von wuchernden Wasserpflanzen.

Neben der farblichen Attraktivität sind natürlich gerade die Tiere, die vom Wasser und den Pflanzen angezogen werden, sehr interessant. Schon beim ersten Befüllen des Teiches können Sie mit Libellenbesuch rechnen. Erfreuen Sie sich an dem hubschrauberähnlichen Flug der Insekten und haben Sie keine Angst vor ihnen, denn Libellen stechen nicht.

Sumpfdotterblume kündigt Frühjahr an

Am Uferrand kündigt die gelb blühende Sumpfdotterblume *(Caltha palustris)* zusammen mit der ebenfalls gelben Sumpfiris *(Iris pseudacorus)* das Frühjahr an. Beide kommen mit sehr geringen Wassertiefen aus. Feuchte Stellen im Uferbereich des Wassers reichen oft sogar aus. Pflanzen Sie, wie in den Beeten auch, immer 3er-, 5er- oder 7er-Gruppen. Beide Pflanzen entwickeln sich in halbschattiger, eher heller Lage am besten. Die Blüte der Iris überzeugt auch in geradlinigen Wasserbecken durch ihre schlichte Eleganz.

Rohrkolben ist mit Vorsicht zu genießen

Bereits seit frühester, durch die Biene Maja geprägter Kindheit wird Rohrkolben von den meisten mit dem Gartenteich in Verbindung

gebracht. Der bekannte heimische Rohrkolben, *Typha angustifolia*, ist jedoch mit Vorsicht zu genießen. Seine Wurzelrhizome sind sehr verbreitungsfreudig. Und auch die Wuchshöhe von 150–200 Zentimeter ist für kleine Gärten eher nicht das Richtige.

Die kleinere Schwesterpflanze, *Typha minima*, mit nur 40–60 Zentimeter Höhe ist da wesentlich besser geeignet. Der Zwerg-Rohrkolben steht am besten in einer Wassertiefe zwischen 0 und 20 Zentimetern. Um auch hier eine unkontrollierte Verbreitung zu vermeiden, empfiehlt sich der Einsatz einer Rhizomsperre.

Rettung für das Pfeilkraut

Das Pfeilkraut, *Sagittaria sagittifolia*, besticht weniger durch seine Blüte, die die Pflanze sehr zierlich zwischen Juni und August trägt, als mehr durch das attraktive Blatt, das in der Form einer Pfeilspitze dem Raumschiff Enterprise sehr ähnelt. In halbschattiger Lage fühlt sich die einheimische, vom Aussterben bedrohte Wasserpflanze besonders wohl. Die Wurzelknollen brauchen einen sandigen, nicht allzu schlammigen Teichgrund und eine Wassertiefe von 10–30 Zentimetern.

Ein toller Hecht!

Wunderschöne herzförmige Blätter schiebt das Hechtkraut *Pontederia cordata* aus dem Wasser. Zusammen mit den meistens blauen Blüten wirkt die Pflanze im Hochsommer (Juli–August) sehr dekorativ, zu einem Zeitpunkt also, in dem im Gartenteich kaum andere Pflanzen blühen. Die Pflanze wächst aufrecht, wird 60 Zentimeter hoch und kann am Teichrand bis 30 Zentimeter tief im Wasser stehen. Die oberirdischen Pflanzenteile können im November zurückgeschnitten werden, während die kriechenden Wurzelteile auch im Winter im Teichgrund verbleiben können.

Den Frosch geküsst, den Prinzen erweckt

Aus Nichts etwas Neues zu schaffen ist sicherlich sowohl planerisch als auch handwerklich einfacher, aber etwas Altem neuen Glanz zu verleihen ist nicht nur beim Hausbau eine immer beliebtere Aufgabe. Versuchen Sie, alte, gewachsene Gartenbestandteile zu integrieren, sofern sie erhaltenswert sind. Denn ein Garten kann Geschichten erzählen: Die alte Eiche verliert zwar Laub, hat aber schon so manchem Gartenbewohner Schatten gespendet. Behandeln Sie sie mit Respekt! Erst mal alles plattmachen, das kann jeder. Aber vielleicht jetzt schon Räume zu erkennen, bestimmte Pflanzen zu erhalten, alte Baumaterialien wieder zu verwenden – das macht den Reiz eines alten Gartens aus. Dazu der vorhandene Baumbestand: eher traumhaft als traumatisch. Alter Baum, neuer Garten: zwei, die sich ergänzen!

← VORHER:

Das Haus stammt aus den 60er Jahren, und im Garten ist 60 Jahre lang nichts mehr gemacht worden – so der Eindruck, den dieses Stück Land hinterlässt. Die umgebenden Bäume und Sträucher wirken auf den ersten Blick sehr erdrückend und dunkel. Auf den zweiten Blick erkennt man aber schnell, dass sie nach einem gezielten Pflegedurchgang eine schöne Kulisse für den neuen Garten und der nötige Sichtschutz für die neue Terrasse sein können. In der Mitte des Areals fällt ein Teichmoloch ins Auge, der mehr an einen modrigen Tümpel als einen Zierteich erinnert. Verrottende Baumstämme, wuchernde Wasserpflanzen und schwarzes Wasser bestimmen sein Bild.

→ NACHHER:

Aus dem hässlichen Frosch von Garten ist ein wirklich schmucker Prinz geworden. Und das gilt vor allem für den Tümpel, der ein echtes Prunkstück geworden ist. Eingerahmt von einer Holzterrasse, bleibt von dem ursprünglich unförmigen Teich nur noch eine rechteckige Wasserfläche übrig, die in der Form eines Wasserbeckens der ideale Mittelpunkt dieses minimalistischen Gartens ist.

Aus dem hellen Holz der Lärche hat das „Mein Garten"-Team neben dem Holzdeck auch Sitzmöglichkeiten geschaffen, die nicht nur attraktive Aufenthaltsmöglichkeiten bieten, sondern den Garten auch viel heller erscheinen lassen. Der ebenfalls helle Kies ersetzt den dunklen Rasen, und die Terrasse setzt farblich wiederum dunklere Kontraste zu den restlichen Materialien.

Das große Format der Platten reduziert den Fugenanteil, was dem schlichten Erscheinungsbild der gesamten Anlage sehr zugutekommt.

PLAN – WÜNSCHE

Die sehr stilvolle Einrichtung des Hauses lässt auf einen minimalistischen Geschmack schließen. Die Möbel in Küche, Wohn- und Esszimmer bestechen durch schnörkellose Schlichtheit. Braune und beige Farbtöne zeugen von dem nicht ausgeprägten Hang zu schrillen Farben. Das Ehepaar hat wenig Lust zu Gartenarbeit, pflegeleicht lautet auch hier das Zauberwort. Aus diesem Grund ist Rasen tabu und wird durch eine Kiesfläche ersetzt. Eine neue Terrasse, durch den alten Baumbestand vor den Blicken der Nachbarn geschützt, wird zum Esszimmer im Freien mit Blick auf den neuen Star im Garten, den Tümpel.

Unterscheiden Sie frühlings- und sommerblühende Gehölze

Als eine der erste Blüher im Garten ist die Forsythie ein sehr traditionelles Gehölz in der Gartengestaltung. Die zahlreichen gelben Blüten machen sich auch als Osterstrauß in der Vase besonders gut. Da sie zu den Frühlingsblühern zählt, ihre Knospen also bereits im Vorjahr gebildet hat, darf sie nur dann im frühen Frühjahr geschnitten werden, wenn Sie auf die schöne Blüte im April verzichten wollen. Da das in der Regel nicht der Fall ist, sollte sie erst unmittelbar nach der Blüte geschnitten werden. Damit hat die Pflanze das ganze restliche Jahr Zeit, neue Knospen fürs nächste Frühjahr auszubilden. Das Gleiche gilt auch für die Blutjohannisbeere, die meisten Spiersträucher, die Kolkwitzie oder die Deutzien.

Pflanzen, die erst im Sommer blühen, wie beispielsweise Sommerflieder oder Hibiskus, können dagegen im frühen Frühjahr zurückgeschnitten werden. Während beim Hibiskus das Herausschneiden der verblühten

Gartenidee: www.gartenplus.com

Der alte Tümpel, in dem sich sogar noch Goldfische tummelten …

… entpuppt sich als großes asymmetrisches Becken.

Blütenstände oft ausreicht, muss der Sommerflieder eher radikal behandelt werden.

Aus Alt mach Neu!

Der alte Teich im Garten braucht hier weniger behutsame Pflege als mehr radikale Entschlammung. Nach Räumung des Teiches kommt ein altes, blau gestrichenes, asymmetrisches Wasserbecken zu Tage: Ganz im Stile der Sixties!

Den alten Teichschlamm loszuwerden ist neben der Geruchsbelästigung eine logistische Herausforderung. Dieser Teichschlamm gilt als Sondermüll und ist entsprechend finanziell aufwändig bei der nächstgelegenen Deponie zu entsorgen. Eine müßige, aber unumgängliche Maßnahme, wenn man dem Teich ein neues Kleid verpassen will.

Das freigelegte Becken ist baulich in einem einwandfreien, sprich wasserdichten Zustand, passt in der Form aber überhaupt nicht in den neuen Garten.

Um aber die gute bauliche Substanz zu nutzen und nicht aufwändig zu beseitigen, geben wir dem Teich kurzerhand eine neue Form.

Die tragende Rolle der Unterkonstruktion

Mit sehr viel Liebe zum Detail wurde eine Holzkonstruktion ausgetüftelt, die als Unterkonstruktion die Möglichkeit bietet, die Terrassendielen so anzuordnen, das am Ende nur noch eine rechteckige Restwasserfläche zu sehen ist. Das Teichbecken ist also faktisch unverändert, bekommt aber durch das umgebende Holzdeck eine ganz andere Form.

Da sich demnach unter Teilen des neuen Holzdecks Wasser befindet, bekommt die Unterkonstruktion, in Bereichen frei schwebend, eine besonders tragende Funktion. Damit aus dem Holzdeck kein Floß wird, wurde neben den in Splitt liegenden Bereichen außerhalb des Beckens ein Balken entlang des alten Betonbeckenrandes verschraubt. Damit ist zwar der Wasserstand des Beckens bis auf Höhe der wasserdurchlässigen neuen Bohrlöcher beschränkt, aber die innerhalb des Beckens liegenden Verstrebungen haben somit seitlich einen festen Halt.

Douglasie als Baum und Holzdeck im Garten

Nachdem die Unterkonstruktion fertig montiert ist, können die Terrassendielen, wie gewohnt senkrecht zu den Unterzügen, verschraubt werden. Befestigen Sie das Brett auf jedem unterliegenden Balken jeweils mit zwei Schrauben, da sich das bei Nässe und Trockenheit bewegende Holz sonst nach oben wölbt.

Das hier verwendete Douglasienholz passt nicht nur zu der sich im Garten befindenden Douglasie, sondern erhellt sehr effektiv den vorher so dunklen Gartenraum. Als mittlerweile heimisches Holz ist die Douglasie eine preisgünstigere, allerdings nicht ganz so haltbare Alternative zu den Harthölzern aus den tropischen Gebieten dieser Welt.

Karamell verlängert die Lebensdauer von Holz

Holz ist als heimisches Baumaterial im Außenbereich nicht immer unproblematisch. Gerade in unseren Breitengraden führt die stark schwankende Luftfeuchtigkeit zu starker Rissbildung oder Pilz- und Schimmelbefall, die bis hin zur Verrottung und Kompostierung führen kann. Um das heimische Holz aber für den Außenbereich nutzbar zu machen, wurde bereits in den 70er Jahren gezielt versucht, die Eigenschaften von Nadelhölzern so zu verändern, dass sie haltbarer werden.

Unter dem Einfluss von Hitze und Feuchtigkeit karamellisieren die sich im Holz befindlichen pflanzlichen Zuckerverbindungen. Dadurch schließen sich Hohlräume im Holz, die sonst Wasser aufnehmen könnten. Um die Wachstumsbedingungen für Pilze und Holzschädlinge zu verschlechtern, wird parallel zum Erhitzen Stickstoff in die Hohlräume gepresst, der den Sauerstoff

Das alte Wasserbecken erhält durch die neue Holzabdeckung ...

... eine klare Linie und Ästhetik.

Tipp:

Frühzeitig planen: *Sollten Sie neben dem pflegenden Pflanzenrückschnitt eine größere Umgestaltungsmaßnahme im Garten in Angriff nehmen wollen, planen Sie es frühzeitig. Nutzen Sie die kalten Wintermonate und entwickeln Sie Ideen für den Garten. Fangen Sie erst im März damit an, kann das Frühjahr schnell zu kurz sein.*

ersetzt und die Haltbarkeit des Holzes deutlich verlängert. Durch diese Thermobehandlung werden Quell- und Schwindprozesse geringer, und das Holz wird stabiler. Da bei der Erhitzung aber die hohen Harzanteile des Nadelholzes verlorengehen, verliert das Holz deutlich an Substanz, was lediglich einen Einsatz im Fassadenbau möglich macht.

Durch die Thermobehandlung werden Holzarten wie Eiche, Esche oder Buche auch für den Einsatz im Garten, zum Beispiel als Terrassenbelag, geeignet. Es entstehen Farbvarianten, die bis ins Anthrazit gehend ungeahnte Gestaltungsmöglichkeiten bieten. Tragende Konstruktionen wie Pergolen dagegen sind aus diesem Holz nicht zu empfehlen.

Wie bei anderen Holzarten lassen sich auch beim Thermoholz Uneigenarten wie leichte Rissbildung oder Vergrauung nicht ganz vermeiden.

Unabhängig von der Holzart ist zum Abschluss der Holzarbeiten am Wasser eine Verblendung des Holzdecks an den sichtbaren Seiten zu empfehlen, damit die Unterkonstruktion optisch verschwindet und der Höhenunterschied zwischen Wasseroberfläche und Holzdeck sauber abgedeckt wird.

Fische behutsam eingewöhnen

Sobald das Wasser eingelassen ist, können die Fische wieder aus ihrem Übergangsheim – am besten einen etwas größeren Bottich, der mit dem alten Teichwasser befüllt ist, in einer schattigen Ecke lagern – befreit werden.

Die Anzahl der einzusetzenden Fische orientiert sich an der Teichgröße. Handelt es sich, wie in diesem Garten, um einen normalen Zierteich mit dem klassischen Goldfischbesatz und nicht um den immer mehr in Mode kommenden Koi-Teich, können Sie maximal einen Fisch pro Kubikmeter Wasser einplanen. Mehr Tiere führen durch ihre Verschmutzungen zu übermäßigem Algenwuchs.

Müssen es für die Optik nicht unbedingt Goldfische sein, können einheimische kleine Fischarten ebenfalls bereichern. Die männlichen Bitterlinge haben zur Paarungszeit wunderschöne Färbungen am Bauch und verbessern in Symbiose mit Teichmuscheln die Wasserqualität. Bitterlinge sind mit 4–7 Zentimetern auch für kleine Gewässer geeignet und ernähren sich von kleinsten, im Wasser umhertreibenden Algenpartikeln und Plankton. Die Teichmuschel wühlt den Teichboden auf, der demnach weich und sandig sein muss. Hier frei werdende Algenpartikel und Kleinstlebewesen sind die Nahrungsquelle der Schalentiere, die sich als lebende Teichfilter sehr profiliert haben.

Was tun gegen Algen?

Um grundsätzlich, ob mit oder ohne Fischbesatz, Algenwachstum ausschließen zu können, brauchen die künstlich angelegten Gewässer in der Regel Filtersysteme. Maßnahmen wie der richtige Standort des Teiches oder der Verzicht auf Fische helfen zwar, das Algenwachstum von vornherein zu reduzieren, verhindern es aber nicht. Nach einer Wasserprobe des Füllwassers kann ein spezielles Pflanzsubstrat abgestimmt werden, das zusammen mit dem entsprechenden Pflanzenbesatz noch bessere Voraussetzungen für klares Wasser schafft.

Höhere pH-Werte beschleunigen das Algenwachstum. Das bedeutet im Umkehrschluss, dass pH-Wert senkende Maßnahmen das Wachstum eindämmen.

Tipp: Torf ist ein saures Substrat, hat also einen niedrigen pH-Wert. Lassen Sie einfach einen Torfballen, mit einem Stein beschwert, im Teich zu Boden sinken, und schon sinkt auch der pH-Wert.

Technik hilft!

Soll der Teich beinahe glasklar werden, können Sie nicht auf einen Filter verzichten. Da Wasser im Garten sich immer größerer Beliebtheit erfreut, gibt es im Fachhandel immer mehr technisch ausgereifte Produkte, die dabei helfen, das Wasser im Teich oder im Becken klarzuhalten. Kompakte Lösungen, bei denen Reinigungsmechanismen vereinigt sind, versprechen den höchsten Grad an Qualität. Umfang und Qualität der Filtersysteme richten sich natürlich nach dem individuellen Qualitätsanspruch des Teichbesitzers und der Teichgröße.

Aber auch für kleinere Wassermengen sollte ein außerhalb installiertes Filtermodul mit UVC-Licht und Filterkammern, die mit Schwämmen oder Quarzsand ausgestattet sein können, vorgesehen werden.

Je professioneller und qualitativ hochwertiger die Filtersysteme werden, desto komplizierter werden auch die Reinigungsvorgänge. Die Bandbreite reicht von biologischer Umwandlung von Stickstoffen bis hin zum mechanischen Ausbürsten von groben Schmutzpartikeln.

Die schlichten Pflanzbeete aus Edelstahl …

… unterstreichen den edlen und modernen Charakter des Gartens.

Tipp:

Leicht verzogene Bretter, die gewöhnlich beim Kauf im Handel aussortiert werden, können Sie übrigens bedenkenlos einsetzen, wenn Sie das geeignete Werkzeug zur Hand haben. Während sich leichte Verkrümmungen per Hebeleinwirkung begradigen lassen, hilft bei größeren Windungen ein Spanngurt, den Sie vielleicht vom Laminatverlegen kennen.

Einfach, aber wirkungsvoll:

Dekorationen mit Orchideen.

Einfacher, weil aus dem Schwimmbadbau bekannt, ist der Einsatz von Skimmern. Entweder einzeln mitten in der Wasserfläche oder in Kombination mit dem Filtersystem am Teichrand werden Laub, Blütenstaub oder andere Algennährstoffe von der Wasseroberfläche abgesaugt und in einem Fangkorb aufgefangen.

Praktisch und schön: Auf dem Filter sitzen!

So hilfreich diese Filtersysteme auch sind, schön anzuschauen sind sie definitiv nicht. Die Lösung für diese Wasseranlage: eine Filteranlage, die unterhalb des Holzdecks über eine Revisionsklappe gewartet werden kann. Doch nicht alle Systeme dürfen im Boden versenkt werden!

Bei kleineren Wassermengen sind die Filtersysteme auch kleiner und benötigen deshalb weniger Platz. Verstauen Sie sie einfach in individuell angepassten Holzkonstruktionen mit abnehmbarem Deckel. Diese können auch noch sehr gut als Sitzgelegenheit dienen.

Pflanzen im Rücken schaffen ein Wohlgefühl

Um sich beim Sitzen auf einer Bank, sei es eine klassische mit Rückenlehne oder ein konstruierter Sitzblock aus Holz, wohlzufühlen, ist ein scheinbarer Schutz im Rücken erforderlich. Pflanzen bieten nicht nur diesen gefühlten Schutz, sondern sehen auch noch gut aus dabei.

Eine exakt geschnittene Eibenhecke unterstreicht in diesem Garten das geradlinige, schlichte Gesamtbild. Pflanzen Sie etwa 2 Stück je Meter, und die Hecke wird bei regelmäßigem Schnitt, sprich ein- bis zweimal pro Jahr, im Laufe von drei bis vier Vegetationsperioden dicht werden. Gerade in dunklen Gartenecken ist die Eibe sehr gut aufgehoben.

Sollen frei wachsende Pflanzen im Kontrast zu der ansonsten geraden Formensprache des Gartens stehen, bietet Bambus gerade in modernen Gärten eine Vielzahl von Möglichkeiten. In den 80er Jahren hat Bambus durch die Bambusblüte auf sich aufmerksam gemacht: Die Blüte hat der zu dieser Zeit verbreitetsten Bambusart so viel Kraft geraubt, dass die Pflanzen nach dem Verblühen abgestorben sind. Wenn eine Bambusart blüht, tut sie das rund um den Globus, was ein Massensterben nach sich zieht.

Bambus blüht je nach Art alle 25 bis 150 Jahre, wobei nicht jede Bambusart durch ihre Blüteperiode derart geschwächt wird wie der damalige Schirmbambus *Sinarundinaria murilae*. Viele andere Bambusarten drängen seitdem auf den Markt. Die eiligsten Gartenliebhaber haben unmittelbar nach der Blüte des Schirmbambus schnell auf die heute bekannteste Art, den Gold-Bambus der Gattung *Phyllostachys*, zurückgegriffen, weil diese Art eine gewisse Frostresistenz verspricht. Im Gegensatz zum Schirmbambus, der einer der wenigen Arten ist, die sich nicht durch unterirdische Wurzelrhizome im ganzen Garten ausbreitet, sind die *Phyllostachys*-Arten extrem wuchsfreudig. Ein einmal außer Kontrolle geratener Gold-Bambus ist nur mit schwerem Gerät wieder in den Griff zu bekommen.

Bambus: klein, groß, grün, gelb, schwarz ... schön!

Trotzdem müssen Sie in Ihrem Garten nicht auf Bambus verzichten, wenn Sie richtig damit umgehen. Grundsätzlich gilt: Bambus gehört eingesperrt. Eine unterirdische Wurzelbarriere verhindert ein unkontrolliertes Umherwandern der Pflanze bis in die Nachbargärten. Diese so genannte Rhizomsperre muss 70 Zentimeter hoch sein, damit sie etwa 60 Zentimeter tief im Boden eingelassen werden kann und weitere 10 Zentimeter der schwarzen Polypropylen-Folie oberhalb des Bodens ein Überwachsen der Wurzeln verhindern. Die Folie sollte nicht allzu eng um den frisch gepflanzten Pflanzenballen gelegt werden, damit das Gras noch Raum zum

Möglichst wenig Gartenarbeit: Statt Rasen ...

... gibt es hier Kies.

Tipp:

Vorsicht vor den Algen: *Achten Sie bei einem Gartenteich darauf, dass Sie nicht zu viele Fische einsetzen und diese nicht so viel füttern, denn Fischfutter ist auch ein hervorragender Nährstoff für Algen.*

Sollten Sie sich für Sumpfpflanzen entscheiden, achten Sie beim Düngen darauf, Düngestäbchen direkt an die Wurzeln anzusetzen, damit sich die Nährstoffe nicht im Wasser verteilen.

Wachsen hat. Die Folienenden sollten mit im Fachhandel erhältlichen Alu-Schienen so verklemmt werden, dass ein Durchwachsen der Wurzelrhizome verhindert wird. Teichfolie ist als Sperre keine Alternative, da sie für die hartnäckigen Wurzeln kein Hindernis darstellt. Und auch Kunststoffeimer oder Mörtelbottiche sind selbst mit herausgeschnittenen Böden keine Alternative, da sie erstens zu eng für die Pflanzen sind und zweitens nicht tief genug im Boden eingelassen werden können.

Je mehr Wurzelraum die Pflanze hat, desto weniger muss sie zusätzlich gewässert und durch Pflegeschnitt ausgedünnt werden, womit die wichtigsten Pflegemaßnahmen für Bambus benannt wären: Wässern und Auslichten der Pflanze. Hierbei müssen vereinzelte Halme knapp über dem Boden abgeschnitten werden, damit die Pflanze innerhalb der Rhizomsperre Luft zum Atmen hat.

Unterschätzen Sie die Ausbreitungsfreude auch der klein bleibenden Bambusarten nicht, die teilweise nicht höher als 30 Zentimeter werden. Eine sehr geeignete bodendeckende Bambusart ist der Zwerg-Bambus *Pleioblastus distichus*. Auch hier ist eine Rhizomsperre, 60 Zentimeter tief im Boden, erforderlich. Einzig und allein die Fargesia-Arten dürfen weniger aufwändig ohne Rhizomsperre gepflanzt werden, da sie horstartig nur an ihrem ursprünglichen Platz wachsen.

Fargesia murilae „Jumbo" ist mit 150 bis 200 Zentimeter Wuchshöhe eine ideale Bambussorte für kleine Gärten oder sogar für den Kübel. Im Kübel benötigt die Pflanze allerdings eine zusätzliche Bewässerung. Auch als Heckenpflanze ist diese Art sehr gut einsetzbar: Eineinhalb bis zwei Pflanzen pro Meter sollten ausreichen, um einen geschlossenen immergrünen Sichtschutz zu bekommen.

Achten Sie darauf, dass die Pflanze nicht in voller Sonne steht, da sich sonst die Blätter einrollen. Ein Verdunstungsschutz der Pflanze, der nicht besonders dekorativ ist.

Neben den Blättern sind vor allem die Halme die Attraktion von Bambus: grüne, blau bereifte, gelb oder grün gestreifte, gelb-orange, braune, gefleckte bis schwarze, dicke, dünne und gezackte Rohre, so die reichhaltige Palette von Bambushalmen.

Die größte Auswahl an Bambuspflanzen haben spezialisierte Bambusbaumschulen. Hier erfahren Sie auch, welche Arten keinesfalls für kleine Gärten geeignet sind. Denn Giganten mit bis zu 9 Meter Höhe passen nun mal nicht in jeden Garten.

Die Palette an Bambus ist so reichhaltig, dass für jeden Geschmack und jede Gartensituation etwas dabei ist. Achten Sie auf die Frostverträglichkeit! Auch diese ist bei sehr vielen Arten ausreichend hoch, sodass keine Winterschutzmaßnahmen erforderlich sind. Hätte es die Eiszeit nicht gegeben, würden viele Bambusarten heute zu den heimischen Pflanzen zählen.

Als immergrüne Pflanzen, die demnach auch während des Winters Wasser über die Blätter verdunsten, sollten Sie bei lange anhaltenden, sonnigen, kalten Winterperioden ein Auge auf die Wasserversorgung haben. Die Pflanzen werden es Ihnen im Frühjahr mit saftigem Grün lohnen.

Schöne Gartenträume, nützliche Gartenräume

Einen Garten kann man für viele Dinge nutzen. Natürlich zum Entspannen, aber auch als Spielplatz am Haus für die Kinder. Garten – ein ideales Spielzimmer? Warum nicht, denn Schaukeln, Rutschen oder Klettern ist auch auf engem Raum möglich. Der Garten ist dann nicht nur attraktiver Wohnraum, sondern bekommt als Spielraum eine klar definierte Funktion zugewiesen. Die Wohnraumerweiterung Garten: schön, aber auch nützlich.

Nutzraum und Gartenwohnraum ergibt? NUTZGARTEN. Kohlrabi ohne Pestizide, saftige Tomaten direkt vom Strauch, Feldsalat auch in der kalten Jahreszeit machen Lust auf den Retro-Gartenstil. Und jetzt noch das geerntete Gemüse in der wohltuenden Herbstsonne zubereiten, das wäre ein Traum. Kochen ist unser Hobby und der Garten unser liebster Aufenthaltsort! Kochen im Garten: Warum nicht?

Früher war der gesamte Garten ein Gemüsebeet

Im ersten Moment verbindet man mit Möhren, Tomaten oder Zwiebeln im Garten viel Arbeit und pragmatisch angelegte Beetflächen, die man entweder gar nicht haben oder zumindest in einer der hintersten Ecken im Garten verstecken will. Das klassische Bild des Gemüsegartens kommt aus der ersten Hälfte des letzten Jahrhunderts. Die gesamte Gartenfläche für den Gemüseanbau zu nutzen war zu dieser Zeit üblich, die Ästhetik spielte keine Rolle. Ein gerader Weg, entweder aus 30 x 30 Zentimetern großen, grauen Betonsteinplatten verlegt oder aus Beton gegossen, gewährleistete mittig im Garten einen komfortablen Zugang zu den einzelnen Gemüsereihen, die senkrecht zum Weg nach links und rechts angeordnet waren. Gemüse war sowohl kulinarisch als auch kalkulatorisch ein fester Bestandteil des täglichen Speiseplans.

Gemüse aus dem eigenen Garten: schmeckt gut und macht stolz!

Der Anbau von Gemüse aus wirtschaftlichen Zwängen ist heutzutage sicher nicht mehr üblich. Trotzdem holen sich die Gartenbesitzer Gemüse mehr und mehr zurück in ihr grünes Reich. Allerdings weniger, um das Portemonnaie zu entlasten, sondern mehr aus Lust am pestizidfreien Gemüse und dem Stolz am Zuchterfolg. Gemüse muss im Garten keinesfalls versteckt werden, sondern kann auch sehr gezielt in die Gestaltung integriert werden. Geschickt angelegte Gemüsebeete können praktisch sein und trotzdem einen hohen Zierwert haben. Ob nun in Reihe gepflanzte Möhren oder willkürlich, bewusst durcheinandergepflanztes Gemüse, ästhetisch reizvoll sind viele Variationen. In Kombination mit einem Pflanztisch oder einem Gewächshaus strahlt der Nutzgarten eine ganze Menge Charme aus, was sehr attraktiv ist, wenn er sich wie alle anderen Gestaltungselemente im Garten dem Gesamtbild unterwirft.

In einem modernen, klar strukturierten Garten kommt Gemüse, in Edelstahlbecken gepflanzt, richtig gut zur Geltung, und Kräuter in quadratischen Kübeln sind auf der Terrasse sehr dekorativ. Eine Kräuterschnecke dagegen würde in diesem Garten fremd wirken und gehört eher in einen Bauerngarten. Gemüse lässt sich beinahe in jedem Gartentyp integrieren und kann so auf direktem Wege in Ihrem Kochtopf landen.

Der neueste Gartentrend: Kochen!

Kochen ist neben Haus und Garten das Trendthema schlechthin. Kochen unter freiem Himmel: keine Essensgerüche im Haus und die Kräuter im wahrsten Sinne des Wortes zum Greifen nah. Damit ist nicht nur das klassische Grillen gemeint, sondern tatsächlich die Küche im Freien: die Feuerstelle für den Grillrost, die Gasflamme für den Kochtopf, die Arbeitsplatte zum Putzen der Gemüse und ein Spülbecken fürs Säubern des Kochequipments.

Neben den praktischen Vorbereitungen wie Wasserzulauf und -ablauf, Gasleitung etc. sind vor der Anlage einer Außenküche vor allem gestalterische Fragen zu klären:

- → Welcher Standort ist der beste?
- → Wie baue ich eine Außenküche, dass sie erstens praktisch und zweitens dekorativ ist?
- → Welche Atmosphäre soll sie ausstrahlen?

In einem sehr schlichten, modernen Garten ist sie geprägt durch Edelstahl und reduzierte Details, während in einem griechisch gestalteten Innenhof die weiß verputzten Mauern mit den blauen Kochaccessoires hervorstechen.

Mediterrane Kräuter im Kochtopf

Oregano, Rosmarin oder Thymian – diese Kräuter gehören zu einem mediterranen Umfeld unbedingt dazu. Kräuter verströmen den Duft des Mittelmeeres und sind aus unserer Küche nicht mehr wegzudenken. Eine Außenküche passt sich nicht nur deshalb perfekt in die mediterrane Gartengestaltung ein. Unter freiem Himmel kochen, die Sonne genießen, allein das suggeriert südeuropäische Lebensfreude. Helle Natursteinmaterialien strahlen die Wärme der Mittelmeersonne aus und symbolisieren durch ihre unregelmäßige Form die Gelassenheit südlicher Breitengrade.

Orientieren Sie sich bei der Anordnung der Einzelbauteile der Außenküche an Ihrer Küche im Haus. In einer L-Form angeordnet könnte auf der einen Seite ein Spülbecken neben der Kochstelle liegen, auf der anderen der Grillrost neben der Arbeitsfläche vorgesehen sein. Das Küchenmodul mit einer Arbeitshöhe von 80–100 Zentimetern wird durch ein halbhohes, vorgelagertes Hochbeet, in das die Kräuter gepflanzt werden, ergänzt. Mit Liebe zum Detail konzipiert ist die Außenküche einerseits eine Option für ein außergewöhnliches Gartenevent, andererseits einfach nur schön anzusehen.

Kinderspiel bequem beobachten

Im Garten spielende Kinder können von hier aus problemlos während des Kochens beobachtet werden. Der freie Blick auf die Spielbereiche der Kids ist eine wichtige Planungskomponente für die Anordnung von Sandkasten, Kletterturm etc. Eltern legen oft sehr viel Wert auf den freien Blickkontakt zwischen Küche und Garten. Die Küche während der Zeit, in der die Kinder draußen spielen, direkt im Garten zu haben ist eigentlich optimal.

Sand raus, Pflanzen rein

Bei der Gestaltung Ihres Grüns sollten Sie von Beginn an auch die Zeit berücksichtigen, wenn die Kinder nicht mehr im Garten spielen – gerade auf engem Raum. Ein brachliegender Sandkasten verliert sich in großen Gartenflächen schon mal hinter einem Strauch, in einem kleinen Garten ist er dagegen immer präsent. Ein mobiler Sandkasten nimmt auf der Terrasse viel Platz weg und hinterlässt auf dem Rasen gelbe Flecken.

Ein in die Gestaltung integrierter Sandbereich ist dagegen nie ein Fremdkörper und bietet zukünftig andere Nutzungsmöglichkeiten. Sand raus und Pflanzen rein: Aus dem Sandkasten wird ein Pflanzbeet! Somit geht der ideelle Wert, nämlich die Erinnerung an die Kindheit, nicht verloren, und der Garten erhält einen neuen pflanzlichen Hingucker.

Kein englischer Rasen im Spielgarten

Ein vom Kinderspiel bestimmter Garten ist sicherlich nicht von englischen Rasenflächen, Rosenraritäten und filigranen Glasskulpturen geprägt. Im Spielgarten sind Gänseblümchen gerade richtig.

Der Garten muss erstens Räume bieten, die Eltern und Kindern Privatsphäre gewähren, und zweitens eine Ungezwungenheit ausstrahlen, in der sich Kinder wohlfühlen. Natursteinmauern erhöhen Pflanzbeete und verhindern einen unabsichtlichen Kindertritt in die frisch austreibenden Pfingstrosen. Beerenobststräucher sind robust und liefern gesunde Naschereien für die Spielpause.

Der Garten kann auch tageszeitenspezifisch gestaltet werden: tagsüber für die Kids, in den Abendstunden für die Eltern. So kann die Pergola über der Terrasse sowohl ein gemütlicher Platz für den Rotwein zu zweit in der Abenddämmerung sein als auch die Konstruktion, an der die Ösen zum Einhängen der Schaukel befestigt sind.

Piraten an Bord – das Kinderparadies zu Hause

Sechs Familienmitglieder: Vater und Mutter sowie vier Kinder zwischen zwei und zehn Jahren. Hier sind die Kleinen klar in der Überzahl und stehen sich im nicht außergewöhnlich großen Haus schon mal auf den Füßen. Die Kinder brauchen den Garten! Er muss in ein kleines Spielparadies verwandelt werden. Natürlich dürfen in einem kinderorientierten Garten aber auch die Bedürfnisse der Großen nicht ganz auf der Strecke bleiben. Intensives Kinderspiel und gemütliches Klönen der Eltern auf der Terrasse ist auch auf engem Raum realisierbar.

← VORHER:

Dieser Garten ist einfach nur chaotisch und für keinen zu nutzen. Fensterrahmen, Türen, Holzbalken: Der Garten dient als Lagerplatz für Renovierungsabfälle, die sich während der Restauration des alten Bauernhauses angesammelt haben. Ein vor sich hin rostendes Schaukelgerüst ist der einzige Hinweis auf die Kinder im Haushalt.

→ NACHHER:

Die Piratenflagge weht hoch über dem Garten und weist den Kindern den Weg. Ein Piratenschiff, gestaltet wie ein Wrack, das aus drei bespielbaren Einzelteilen besteht, ist die Attraktion in diesem Garten. Im Heck kann der Piratenkapitän am Ruder das Kommando übernehmen und die nächste Enterung beaufsichtigen, die von den Freibeutern, die sich im Bug verstecken, hoffentlich erfolgreich vollzogen wird. Das Wrack ist an einen weißen Sandstrand angespült worden, der deshalb direkt an die Rasenfläche angrenzt, weil sie das weite Meer symbolisiert. Vom Mast aus können die kleinen Piraten Ausschau nach den Eltern halten und natürlich überprüfen, ob die Würstchen auf dem Grill schon fertig sind. Für das Familientreffen haben die Kleinen eine Kinderterrasse mit kleinen Partybänken. Beete mit farbenfrohen Pflanzen, die das Frühjahr ankündigen und im Sommer Naschereien für den Nachwuchs bereithalten, runden das stimmige Bild ab. Giftige Pflanzen (siehe Seite 128) sind hier natürlich tabu.Ein wahres Kinderparadies für die vier kaum noch einzufangenden Kinder ist geschaffen.

PLAN – WÜNSCHE

Vor allem die Kinder kommen viel zu kurz: „Schafft uns einen kleinen Kinderspielplatz!", so das sehnlichste Anliegen des vierfachen Vaters. Sein Wunsch ist dem „Mein Garten"-Team natürlich Befehl, und eine Kinderüberraschung der ganz besonderen Art verwandelt die Brachfläche in ein wahres Spielparadies. Weitere Forderungen: Die Kinderschar sollte nicht zu jeder Zeit unbeobachtet sein, und ein Fleckchen zum Erholen vom Renovierungsstress wäre auch schön. Auf einer neuen Terrasse sind die Eltern natürlich herzlich willkommen!

Piraten an Bord

Wessen Kindheitstraum ist es nicht, mal in die Rolle des enternden Piratenkapitäns zu schlüpfen? Kletter- und Spielgeräte verschiedenster Funktionen können diesen Kindheitstraum im Garten wahrmachen. Die Palette reicht von kleinen, selbst konstruierbaren Booten bis hin zur montagefertig gelieferten Luxusversion des Dreimasters mit ausgebautem Schiffsbauch. Die sind in der Regel für kleine Gärten ungeeignet, weil sie einfach zu viel Platz beanspruchen. Und teuer sind sie außerdem. In diesem Garten gibt es die „Wrack-Version", die alle wichtigen Piratenelemente beinhaltet und Lust auf die Abenteuer von Jack Sparrow macht.

Die Größe dieses Spielgerätes ist mit 8 x 3 Meter relativ überschaubar, und die Anordnung der drei Einzelteile bleibt variabel. Dadurch kann es individuell an jede Gartensituation angepasst werden.

Gartenidee: www.gartenplus.com

Am besten ist es ...

... wenn ein Lkw mit Hebevorrichtung die schwere Arbeit übernimmt.

Tipp:

Nehmen Sie den Fundamentplan und Sprühfarbe aus dem Baustoffhandel zur Hand und übertragen Sie die Mittelpunkte der Einzelfundamente im richtigen Abstand zueinander auf den Boden. Kontrollieren Sie mehrfach die Richtigkeit, denn Wartezeiten des Lkws, die durch Korrekturen der Löcher verursacht werden, kosten unnötig Geld. Nun können Sie den Boden entweder mit zusätzlicher Hilfe von anderen, fleißigen Händen oder per Minibagger ausheben. Die unteren lehmigen bzw. steinigen Bodenschichten sind im Garten unbrauchbar und sollten am besten auf direktem Wege abtransportiert werden.

Robinienholz – ideal für Spielgeräte

Das Schiffswrack besteht aus Robinienholz, das durch seinen unrunden, fast krummen Wuchs der Äste eine sehr natürliche, ungezwungene und kindgerechte Ausstrahlung hat. Als härtestes aller europäischen Hölzer – die Robinie wurde zu Beginn des 17. Jahrhunderts aus Nordamerika eingeführt –, stellt es sogar die Eiche in den Schatten und kann ohne chemischen Holzschutz der Witterung ausgesetzt sein, ideal also für Kinderspielgeräte. Dieser hohe Härtegrad geht natürlich auch mit einem gewissen Gewicht einher, das deutlich höher ist als vergleichbare Konstruktionen aus Kiefer. Ohne technische Hilfe lassen sich diese Einzelteile kaum bewegen. Lässt es die Örtlichkeit zu, können sie direkt vom Lkw aus mit einer Hebevorrichtung an der entsprechenden Stelle platziert werden. Um einen reibungslosen Montageprozess zu gewährleisten, müssen die Fundamentlöcher genau vorbereitet werden (siehe auch Tipp links).

Stabilität und Sicherheit sind wichtig

Bei guten Lieferanten gibt's für jedes Spielgerät einen Plan, in dem die Positionierung und Abmessungen der einzelnen Fundamente abzulesen sind. In diesem Fall müssen insgesamt neun Einzelfundamente ausgehoben werden, die jeweils 30 x 30 Zentimeter groß und 100 Zentimeter tief sind.

Sind die Fundamentlöcher fertig ausgehoben, können die Einzelteile des Spielgerätes in den Garten gehoben werden. Spätestens jetzt sollte der Beton vorbereitet sein, den Sie nach und nach in die Löcher rund um die Holzpfosten verfüllen. Im Betonmischer angemengt, darf er nicht zu flüssig sein. Erdfeuchter Beton lässt sich gut verarbeiten.

Per Wasserwaage und Gummihammer werden die Einzelbauteile mit zunehmender Betonmenge mehr und mehr in ihrer Endposition fixiert. Lassen Sie den Beton 48 Stunden trocknen, dann darf das Spielgerät eingeweiht werden. Je nach Windstärke muss das Schiff durch Pfosten und Verstrebungen zusätzlich im Erdreich fixiert werden, damit es nicht dem Winddruck nachgibt und über Nacht zum schiefen Spielschiff mutiert.

Weich fallen verdirbt nicht den Spaß: Fallschutz!

Die ganz kleinen Kletterer sind oben auf dem Mast zwar durch einen Seilkorb vor unkontrolliertem Fallen geschützt, aber für die etwas risikofreudigeren Abenteurer stellt diese Brüstung kein Hindernis dar. Um Schmerzen oder gar Verletzungen bei einem Absturz möglichst zu minimieren, ist ein geeigneter Untergrund entscheidend.

Mit vereinten Kräften ...

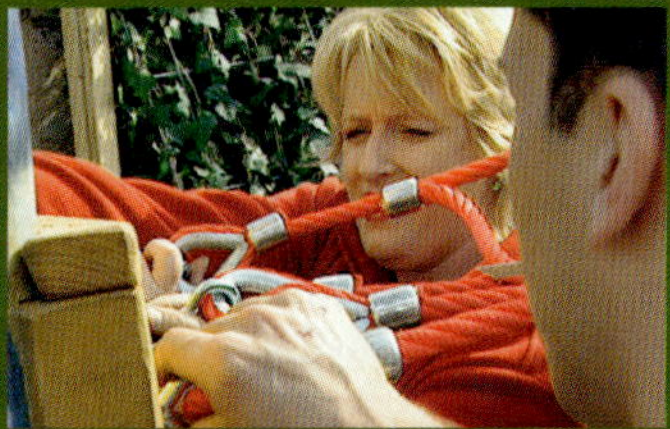

... geht es an die Endmontage des Piratenschiffs.

Tipp:

Geprüfte Sicherheit für Spielgeräte:
Achten Sie bei den Spielgeräten auf das GS-Zeichen. Dies ist ein weltweit anerkanntes Siegel und steht für eine geprüfte Sicherheit. Es entspricht den Sicherheitsanforderungen, wie Belastbarkeit oder schwere Entflammbarkeit.

Eine weitere Attraktion für den Nachwuchs:

die Kinderterrasse mit eigenem Tisch und Bänken.

Nach Europa-Norm ist bereits ab 60 Zentimeter Höhe ein stoßdämpfender Sicherheitsbelag, sprich ein Fallschutz, erforderlich. Je höher der mögliche Fall ist, desto weicher und stoßdämpfender muss der Belag sein. Einige Materialien sind in der Lage, die Körperform sofort aufzunehmen, und vermindern dadurch Verletzungen. Das Fallschutzmaterial genügt dann den Ansprüchen, wenn es ausreichend sicher und lange haltbar ist sowie einen möglichst geringen Pflegebedarf hat.

Gummierte Materialien, wie man sie von öffentlichen Spielplätzen kennt, sind aufgrund ihres Designs und der unflexiblen Formate ein zu großer Fremdkörper in der Gartenlandschaft. Für einen kleinen Garten kommen in erster Linie lose Materialien, wie Sand, Kies oder Rindenmulch, in Frage.

Als Untergrund für das Schiffswrack kommt aus gestalterischer Sicht nur Sand in Frage. Er ist als weicher Fallschutz allerdings nur dann geeignet, wenn er nicht zu viele Feinanteile besitzt, die sich bei Nässe verdichten und die Bodendecke verhärten. Ein Austausch des Sandes ist nach zwei Jahren dann zu empfehlen, wenn Katzen das Spielparadies ab und zu mit dem heimischen Klo verwechseln. Ein echter Nachteil! Kies, dessen maximale Korngröße zwischen 8 und 16 Millimetern liegen sollte, ist eine geeignete Alternative, die allerdings etwas schwieriger zu säubern ist als Sand. Dafür ist Kies lange nicht so attraktiv für die Katzen der Nachbarschaft. Rindenmulch kommt als weiterer Fallschutz in Frage, wenn er aus der Holzrinde von Kiefern, Fichten oder Tannen besteht. Nadelbäume sind aufgrund ihrer borkigen Rinde der Rohstofflieferant für das Rindenmulchmaterial, Pinienrinde ist wegen ihrer rundlichen Form besonders gut geeignet. Eine Auffrischung des Materials im Zweijahresrhythmus ist hier nicht wegen der Verunreinigungen, sondern wegen der Zersetzungsprozesse empfehlenswert.

Das „Sandkasten"-Boot

Lässt das Budget nur kleinere Sprünge zu, sind auch eigene Konstruktionen mit kreativer Energie geplant und, mit einer Portion handwerklichem Geschick erbaut, eine absolute Bereicherung für den Garten.

Dieses selbst konstruierte „Sandkasten"-Boot (siehe Abbildungen oben) bietet mehr Platz als handelsübliche

Sandkastenkonstruktionen und gibt dem Kinderspiel eine ganz individuelle Note. Das Boot ist von der Spitze bis zum Heck 4 Meter lang und 2 Meter breit. Die miteinander verschraubten Kiefernschwellen grenzen den Sand vom Rasen ab und dienen den Lärchendielen als Unterkonstruktion. Diese werden oben auf die Schwellen geschraubt und sind so eine komfortable Sitzunterlage für Eltern und Kinder. Der Bau dieses „Sandkasten"-Bootes ist mit dem nötigen Spaß an der Arbeit sicher kein Hexenwerk. Nachdem Sie eine Skizze aufs Papier gebracht haben, sollten Sie eine Bauliste anlegen, die ein lästiges Organisieren von Werkzeugen und Materialien während des Bauprozesses verhindert.

Die Bauliste für das „Mein Garten"-Sandkasten-Boot:

- 23 lfdm Kieferschwellen (ca. 250 x 30 x 20 Zentimeter)
- 8 Stk. Winkel + Schrauben (um die Schwellen miteinander zu verschrauben)
- 20 Stk. Laschen mit Schrauben (um die Schwellen miteinander zu verschrauben)
- 35 lfdm Lärchenholzdielen, genutet (ca. 300 x 14,5 x 2,5 Zentimeter)
- 200 Stk. Schrauben, 55 Millimeter lang, 5 Millimeter stark (zum Verschrauben der Dielen)
- Schleifpapier, Stichsäge, Kreissäge, 90-Grad-Winkel, Maßband, Bleistift, Bohr-Akku, Bohrer mit Versenkkopf, Schraubaufsätze

Bei dem Piratenschiff …

… kommt als Fallschutz natürlich nur Sand in Frage.

Tipp:

Ultrahocherhitzter Spielsand eignet sich gut zum Bauen und Matschen und – das ist gerade bei Kleinkindern wichtig – ist keim- und bakterienfrei. Falls Sie zu Hause einen Sandkasten mit einem etwas älteren Sand haben, dann können Sie diesen in der Apotheke auf Keime testen lassen. Wenn Sie neuen Sand kaufen, bietet sich Quarzsand an. Er ist ideal zum Spielen, denn er hinterlässt keine Schmutzspur und lässt sich – wenn er ein bisschen feucht ist – sehr schön formen.

Eine Lichterkette ...

... sorgt für eine gemütliche Atmosphäre in den Abendstunden.

- 1 Stk. Fahnenmast (Durchmesser ca. 6–8 Zentimeter)
- 2 Säcke Blitzbeton à 25 kg
- 1 Stk. Piratenflagge als Ersatz für die „Mein Garten"-Fahne, die natürlich ein Unikat ist!

Montieren Sie das Sandkasten-Boot am besten auf einem trockenen festen Untergrund. Entsprechend der vorher angefertigten Bauskizze sägen Sie zunächst einmal die Kiefernschwellen als Rahmen und Unterkonstruktion mit der Kreissäge zurecht. Legen Sie sie so zueinander, dass sich die entsprechende Bootform ergibt. Die Stöße, also die Stellen, an denen die einzelnen Holzschwellen zusammentreffen, werden mit den Laschen bzw. den Winkeln an der Innenseite miteinander verbunden, sodass ein massiver Rahmen als Unterkonstruktion entsteht. Die erste Lage der Schwellen wird hochkant miteinander verschraubt, die darauf liegende zweite Lage Schwellen wird dagegen flach miteinander verschraubt. Beide Schwellenlagen werden auch noch mal miteinander verbunden. Zusammen ergeben sie eine Gesamthöhe von ca. 40 Zentimetern, was zum einen eine angenehme Kindersitzhöhe ist und zum anderen genügend Füllraum für den vorgesehenen Sand bietet.

Als Verkleidung für die Kiefernschwellen kommen nun die Lärchenholzdielen zum Einsatz. Zweireihig werden sie auf die Schwellen geschraubt. Als Fugenabstand können Sie sich an der Breite von zwei Zollstockgliedern orientieren. Die Sägekanten sollten Sie unbedingt mit Schleifpapier nacharbeiten, damit keine Gefahr für zarte Kinderhaut besteht. Aus dem gleichen Grund sollten die Schraubköpfe in den vorgebohrten Versenkungen verschwinden. Sieht außerdem viel besser aus!

Als Verblendung wird ringsherum noch ein Brett hochkant vor die zweireihige Abdeckung verschraubt.

Ist das ca. 500 Kilogramm schwere Schiff nun fertig montiert, kann es mit entsprechender Mannes- bzw. Frauenkraft an Ort und Stelle getragen werden. Hier können Sie jetzt im Bug des Schiffes das Fundamentloch – Tiefe ca. 80 Zentimeter – für den Fahnenmast ausheben, den Sie am besten in Blitzbeton versetzen. Mittlerweile gibt es im Fachhandel Blitzbeton, der nach zwei Minuten ausgehärtet ist. Zum Schluss Sand einfüllen, Fahne hissen und das eigene Sandkasten-Boot ist fertig!

Vorsicht: Nicht alle Pflanzen sind für den Kinderbereich geeignet

Auch ein vom Kinderspiel geprägter Garten kommt nicht ohne Pflanzen aus. Einige grüne Bereicherungen

sind allerdings tabu für Gärten, in denen sich Kinder aufhalten, denn sie können in zu hoher Dosierung leichte Vergiftungen hervorrufen.

Auf folgende Pflanzen sollten Sie in den Spielbereichen verzichten:

- → Trompetenblume, Asthmakraut *(Datura)*
- → Seidelbast, Beißbeere *(Daphne)*
- → Christrose *(Helleborus)*
- → Eisenhut *(Aconitum)*
- → Eibe *(Taxus)*
- → Fingerhut *(Digitalis)*
- → Goldregen *(Laburnum)*
- → Herbstzeitlose *(Colchicum)*
- → Rizinus *(Ricinus)*
- → Tabak *(Nicotiana)*
- → Tollkirsche *(Atropa)*
- → Aaronstab *(Arum)*

Diese Liste erfüllt nicht den Anspruch an Vollständigkeit und beinhaltet lediglich die aus der Fachliteratur bekannten „sehr giftigen" Pflanzen.

Verhalten im Vergiftungsfall

Sollte sich Ihr Kind trotz aller Vorsichtsmaßnahmen zu intensiv mit einer dieser Pflanzen auseinandergesetzt haben, gilt vor allem eines: Ruhe bewahren.

Spülen Sie den Mund des Kindes aus und waschen Sie seine Hände. Ein Schluck Wasser hilft, während Sie einen telefonischen Kontakt mit der Giftnotrufzentrale des jeweiligen Bundeslandes aufnehmen. Folgen Sie dann den Anweisungen Ihres erfahrenen Gesprächspartners. Das Kind sollte nicht zum Erbrechen gebracht werden, was häufig unnötig und in einigen Fällen sogar gefährlich ist, da Kinder sich an Erbrochenem verschlucken können.

Ein schneller Sichtschutz:

die Hecke am laufenden Meter.

Der Küchengarten: Kochen unter freiem Himmel

Ideenlos, unkreativ und keinerlei Inspiration für Ihr kleines Stück Land hinter dem neu gebauten Haus? Die Räumlichkeit außerhalb der Hausmauern ist Ihnen wichtig, weil Sie sich sehr gerne draußen aufhalten? Individualität, Selbstverwirklichung, Ästhetik: Der Garten soll einladen, sich in ihm aufzuhalten! Für eine Formensprache und die Atmosphäre der Materialien haben Sie sich bereits entschieden, aber wie wird der Garten zu dem Anziehungspunkt schlechthin?

Vielleicht können Sie Ihr Hobby, Ihre Leidenschaft in den Garten verlagern! Ein Platz, der sich rund um die Motorradpflege dreht, Sand und Cocktailbar, die an die gemeinsamen Surfurlaube erinnern, ein blau lasiertes Wasserbecken, das die Verbundenheit zu den Sixties ausdrückt, oder eine Außenküche, die der Kochleidenschaft gerecht wird. Vielleicht ist das Ihr Ding?

← VORHER:

Ein Bild zum Abgewöhnen! In der Wildnis jenseits der Grundstücksgrenze wuchern Brombeeren, so weit das Auge reicht, und im Garten selbst ist kaum ein grünes Blatt zu finden. Nicht dass man die Brombeeren herbeisehnt, aber das Garten-Ödland kann auch nicht die Lösung sein: ohne Grün, ohne Farbe, ohne alles. Doch einen Lichtblick gibt es: Wo nichts ist, ist noch nichts falsch gemacht worden! Also, ran an die Arbeit.

→ NACHHER:

Verschieden große Pflastersteine ergeben ein sehr lebhaftes Fugenbild auf der Terrasse und passen sich in ihrer grau-gelblich nuancierenden Farbe perfekt der Hausfassade an. Ein Holzsteg rahmt die Steinfläche ein und verleiht der Terrassenfläche nicht nur einen ganz eigenen Charakter, sondern führt geradewegs in die Hobbyecke: eine Küchenzeile!

Ein Spülbecken zum Säubern der Kräuter wird von einer Natursteinplatte eingerahmt, die zwischen Spüle und Grillrost als Arbeitsfläche dient. Ein Stromanschluss bietet die Möglichkeit, zusätzlich eine elektrische Kochplatte zu nutzen. Natürlich dürfen Kräuter in diesem Arrangement nicht fehlen. Sie sind im Hochbeet reichlich vorhanden. Auf der Rasenfläche kann das Paar im Liegestuhl ein Verdauungsschläfchen halten und wird dabei durch einen attraktiven, eigens konstruierten Holzsichtschutzzaun nicht von den Nachbarn gestört.

PLAN – WÜNSCHE

Ein kleiner, rechteckiger Garten: Terrasse, Rasen und ringsherum Pflanzen! In diesem Punkt sind sich alle einig: So einfallslos darf es nicht werden! Natürlich spielen Terrasse, Rasen und Pflanzen eine wichtige Rolle, aber mit Pfiff inszeniert sollten sie sein. „Holz mögen wir gerne! Und ein Pflanztisch wäre toll!“ Fragen nach Aktivitäten im Garten werden mit Standards wie Liegen, Lesen, Nichtstun und Genießen beantwortet. „Was bedeutet denn für euch Genuss?“, fragen wir. „Kochen und Essen!“, da sind sich beide einig. Damit ist die Idee für den Garten geboren: Kochen unter freiem Himmel …

Wo ist der beste Kochplatz im Garten?

Grundsätzlich sollte der Weg zwischen der Küche im Garten und der im Haus nicht zu lang sein. Da viele Zutaten aus dem Haus nach draußen geholt werden müssen, hemmt ein zu langer Weg jegliche Kochaktivitäten im Freien. Orientiert man sich an der Anordnung von Räumlichkeiten im Haus, müssen Küche und Esszimmer nahe aneinanderliegen, damit kurze Wege die beiden Bereiche verbinden und beides entsprechend genutzt wird. Ist die Terrassenfläche im Garten als Esszimmer definiert, muss die Koch- bzw. Grillstelle im Freien also in unmittelbarem Kontakt dazu stehen. Das bedeutet nicht, dass die Außenküche ein Teil der Terrasse sein muss. Gerne dürfen die Bereiche dezent voneinander getrennt werden. Aber eben nur dezent, sodass der Bezug zueinander nicht verlorengeht. Ein Pflanzbeet oder eine niedrige Hecke, vielleicht sogar nur eine Sitzmauer zwischen Terrasse und Küche ergeben keine blickdichte Trennung, definieren aber eindeutig die verschiedenen Nutzbereiche.

Gartenidee: www.gartenplus.com

Ein Traum:

Nicht nur draußen essen, sondern auch unter freiem Himmel kochen.

Hier führt ein Holzsteg entlang dem Pflanzbeet auf direktem Weg in die Außenküche und übernimmt damit gleich mehrere Funktionen: Im Zusammenspiel mit der großen Steinfläche strahlt das Holz eine sehr angenehme Gemütlichkeit aus und verbindet darüber hinaus Kochstelle und Terrasse. Der Steg sollte mindestens 1 Meter breit sein, damit er nicht nur als Einrahmung, sondern als bewusst integrierte Wegfläche wahrgenommen wird. Bei einer Holzdielenbreite von 15 Zentimetern liegen Sie mit sieben, parallel zur Steinkante verlegten Holzdielen goldrichtig. Achten Sie auf eine gleichmäßige Fugenbreite (die Dicke von zwei Zollstockgliedern ist optimal). Die Dielen werden, wie bei einer größeren Holzterrasse auch, auf eine Unterkonstruktion verschraubt, die im Abstand von maximal 60 Zentimetern ein Durchhängen des Holzbelages verhindert.

Vor allem Sonne und Wind beachten

Die Außenküche nimmt, etwas abseits von der Terrasse gelegen, keine potenzielle Sitzfläche in Anspruch, liegt aber immer noch so nah, dass die Laufwege nicht zu lang werden. Wäre die Küche direkt an die Terrassenfläche angeschlossen, würden weniger die Kochgerüche als mehr die Rauchentwicklung die gemütliche Atmosphäre in den Sitzbereichen stören. Ein Argument, das für das Ausgliedern des Kochbereiches spricht. Achten Sie auf die Hauptwindrichtung und denken Sie dabei auch an Ihre Nachbarn. Unterhalb eines Balkons kann die Rauchentwicklung das nachbarschaftliche Verhältnis empfindlich beeinträchtigen.

Neben dem Wind ist aber auch der Sonnenstand wichtig: Hiernach können Sie entscheiden, wo die Kochstelle am besten aufgehoben ist. In diesem Garten passt alles perfekt zusammen: Östlich von der Terrasse ist einerseits genügend Platz, andererseits steht hier abends am längsten die Sonne. Für die beiden Sonnenanbeter, die meistens abends kochen, der ideale Standort.

Zuerst der Bleistift, dann der Mörtel

Sobald Sie die Standortfrage geklärt haben, ist Ihre Kreativität gefordert: Wie soll die Außenküche aussehen? Welche Materialien werden verwendet? Zunächst sollten Sie eine Bauskizze erstellen und mit Maßen versehen, dann stellen Sie eine Materialliste zusammen.

Die Arbeitshöhe des Küchenblocks von 90 Zentimetern entspricht ebenso dem Standardmaß wie die Tiefe der Arbeitsplatte mit etwa 60 Zentimetern. Beides kann aber natürlich auf jeden Nutzer individuell angepasst werden. Die Breite ist mit 80 Zentimetern ausreichend, aber nicht unbedingt komfortabel. Hat die Natursteinplatte eine Breite von 120 Zentimetern, kann man sich besser ausbreiten. Die Plattenstärke sollte aber dann 5 Zentimeter nicht unterschreiten, damit sie nicht, links und rechts jeweils auf Mauern aufliegend, in der Mitte durchbricht. Der Grillrost ist mit 70 x 60 Zentimeter ebenfalls ausreichend groß.

Durch die Abfolge von Spüle, Arbeitsplatte und Grill ist ein bequemer und sinnvoller Arbeitsablauf garantiert. Paprika und Auberginen werden in der Spüle abgewaschen und auf der Arbeitsplatte zurechtgeschnitten. Zusammen mit Zwiebeln und Champignons auf einen Holzspieß gesteckt landet der fertige Gemüsespieß schließlich auf dem Grill.

Erst die Arbeit, dann das Essen

Für diese Außenküche müssen vier voneinander unabhängige Mauerabschnitte errichtet werden, die als starres Mauerwerk ein frostfreies Fundament erhalten. Demnach muss unter jeder einzelnen Mauer ein Streifenfundament in entsprechender Länge, in dem Fall 60 Zentimeter, angefertigt werden. Die frostfreie Tiefe beträgt 80 Zentimeter, und in der Fundamentbreite reichen in der Regel 25 Zentimeter aus.

Für diese Küche …

… werden vier voneinander unabhängige Mauerabschnitte benötigt.

SEITENANSICHT KÜCHE

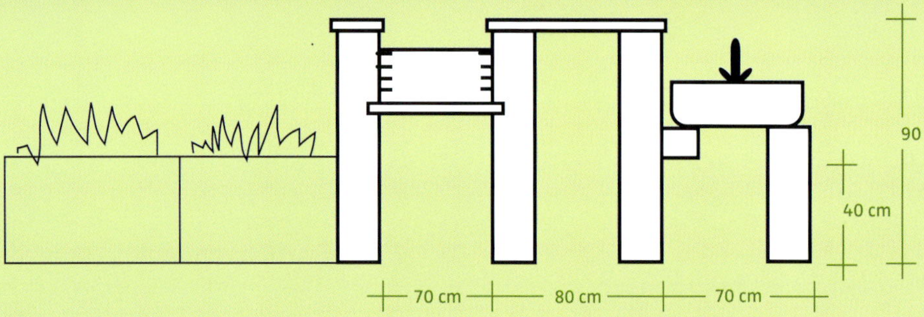

AUFSICHT KÜCHE

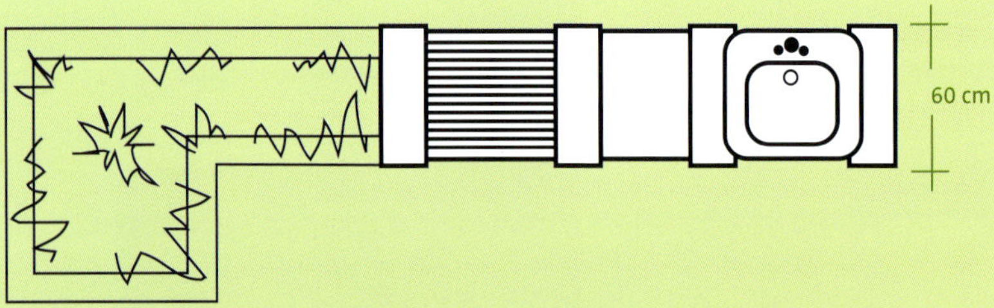

HALTERUNG GRILL

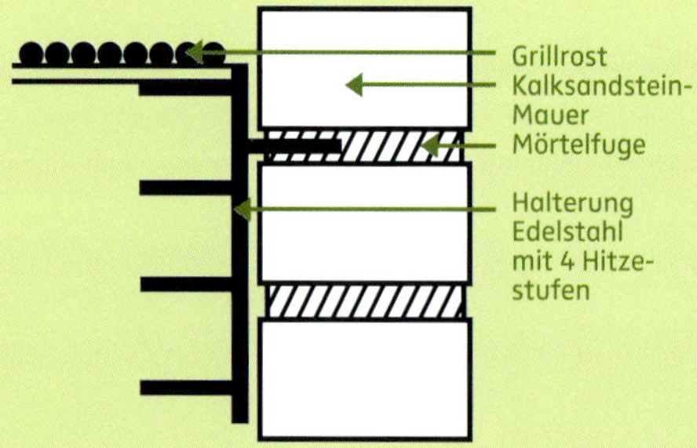

Tipp:

Um das frisch erstellte Fundament vor Zugluft, direkter Sonneneinstrahlung und Regen zu schützen, sollten Sie es mit einer Folie abdecken. Im Hochsommer trocknet das Fundament nicht so schnell aus, wenn es regelmäßig mit einem feinen Wasserstrahl besprüht wird.

Der in die Gräben zu verfüllende Beton muss lagenweise gründlich verdichtet werden. Benutzen Sie hierfür einen möglichst schweren Gegenstand mit geringer Fläche, zum Beispiel einen Vorschlaghammer. Das anschließende Säubern des Werkzeuges nicht vergessen!

Die Fundamente, ob mit oder ohne Bodenplatte, verschwinden später unter einer Kies- oder Splittdecke. Nichtsdestotrotz sollten die oberen 10 Zentimeter mit einem Holzbrett eingeschalt werden, damit der Beton seitlich nicht wegrutscht. Die Schalung kann selbstverständlich nach zwei Tagen entfernt werden.

Erst Fundamente, dann Mauern

Die erste Mörtelschicht kommt direkt auf das Fundament und ist das Bindeglied zwischen der Betonplatte und der ersten Mauerreihe. Bei den hier verwendeten Kalksandsteinen handelt es sich um stark saugende Steine, die dem Mörtel jegliche Feuchtigkeit entziehen, wenn sie vorher nicht durchnässt werden. Tauchen Sie die Steine vor der Verarbeitung einfach in einen Eimer Wasser. Ist Ihnen der Arbeitsschritt bei einer größeren Steinmenge zu groß, sollten Sie sie gründlich mit dem Gartenschlauch abspritzen. Die Mauerabschnitte müssen im Halbstein-Verband – die Fugen der unteren und oberen Lage verspringen jeweils um eine halbe Steinbreite – gesetzt werden, damit die Mauer nicht beim ersten Windstoß in sich zusammenbricht.

Nach Fertigstellung der Mauerarbeiten werden die Fugen, die in der Lagerfuge – das ist die waagerechte – 12 Millimeter und in der Stoßfuge 10 Millimeter breit sind, noch vor der Aushärtung mindestens 15 Millimeter tief mit einem Fugeisen ausgekratzt, um sie später sauber verfugen zu können. Mauern Sie die Steinreihe, die etwa 30 Zentimeter unter der tiefsten Grillrostauflagefläche liegt, mit 2 Zentimeter Überstand nach innen. Auf dem Überstand kann später die Kohleschale aufliegen. Einfach und praktisch!

Tipp: Am besten lassen Sie den Edelstahlrost mit den Halterungen und die Kohleschale von einem Schlosser anfertigen. Den Grillrost bzw. die Kohleschale können Sie unmittelbar nach Fertigstellung der Mauerarbeiten exakt ausmessen und bestellen, um in der Größe bis zuletzt flexibel zu bleiben. Die Halterungen, die ebenfalls aus Edelstahl sind, benötigen Sie bereits vor Beginn der Mauerarbeiten, um sie in eine der Mörtelfugen mit einarbeiten zu können. Vier dünne Flacheisen werden jeweils an den Eckpunkten des Rostes in die Mörtelfuge eingeschoben und somit im Mauerwerk fixiert. Dadurch bekommt der Grillrost eine Auflagefläche, die dann auf

Der blaue Zaun verleiht dem Garten ...

... eine mediterrane Frische.

In einen Küchengarten ...

... gehören sowohl Pflanzen fürs Auge als auch für den Kochtopf.

Tipp:

Um die Fundamentarbeiten zu reduzieren, können Sie auch eine betonierte Bodenplatte vorsehen. Sie sollte 10 Zentimeter stark sein und durch Muniereisen stabilisiert werden. Achtung: Nur verrostete Eisen gehen eine Verbindung mit dem Beton ein. Sie sollten im ersten Drittel der Betondecke eingebettet sein.

Die Bodenplatte hat gleich zwei Vorteile:

1. *Betonmenge und Erdaushub reduzieren sich, weil zwei frostfreie Gräben an den kurzen Seiten ausreichen.*
2. *Die Abstände der vier Mauerabschnitte sind variabel, weil sie vor Mauerbeginn auf der Betonplatte noch verschiebbar sind.*

verschiedene Hitzestufen einstellbar ist, wenn mehrere Auflagehöhen möglich sind.

Zum Abschluss decken Natursteinplatten – eine große Arbeitsplatte und zwei kleinere Abdeckungen an Grill und Spüle – die Mauerköpfe ab und schützen das Mauerwerk vor von oben eindringender Nässe. Zur besseren Verbindung zum Mörtelbett wird eine Haftschlämme mit einem Pinsel satt auf die Rückseite der Natursteinplatte aufgestrichen.

Kübel mit mediterranem Gemüse gehören in die Grillecke

Was wäre ein Grillwürstchen ohne die passende Beilage? Ketchup oder Senf direkt vom Baum gibt es trotz genmanipulierter Pflanzen zwar noch nicht, aber Peperoni, Auberginen oder die Kräuter der Provence sind mindestens genauso wertvoll und gedeihen auch in hiesigen Gärten. Da sie die kalten Wintertemperaturen aber nicht überleben, sind sie im Kübel am besten aufgehoben. Grundsätzlich ist es kein Problem, Kräuter bzw. Gemüsepflanzen zu überwintern. In einem kühlen, hellen Raum, zum Beispiel im Flur, sind sie gut aufgehoben. Im Idealfall sollte die Temperatur um die 10 °C betragen und die Luft nicht zu trocken sein. Nur noch spärlich gießen und auf Schädlinge achten! Gerade Blattläuse lieben es, den Winter an Gemüsepflanzen, wie Paprika oder Auberginen, zu verbringen. Im Februar können Sie die Pflanzen kräftig zurückschneiden und umtopfen. Der neue Topf sollte nur etwas größer als das alte Gefäß sein, da sonst zu viel Kraft für die neuen Wurzeln vergeudet wird.

Peperoni: scharf und würzig

Die Peperoni gehört wie die Kartoffel zur Familie der Nachtschattengewächse. Der Familienname deutet aber keinesfalls auf die bevorzugten Lichtansprüche hin, denn ein warmer, sonniger Platz auf der Terrasse ist der optimale Standort für die Pflanze.

Die Früchte sind im unreifen Zustand grün, verfärben sich aber je nach Sorte gelb oder rot. Ernten Sie die ersten Früchte (je nach Witterung nach ca. 10 Wochen) bereits vor der Vollreife – sie reifen auch gepflückt noch nach –, dann bildet die Pflanze schneller neue Früchte aus. Passen Sie aber unbedingt den richtigen Zeitpunkt ab, denn zu früh geerntet schmecken die Peperoni bitter.

Staunässe im Kübel schwächt die Pflanze und macht sie für Krankheiten wie Krautfäule empfänglich. Eine Pilzkrankheit, die Sie an den braunen, verschwommenen Flecken oder den faulen Früchten erkennen. Entfernen Sie großzügig alle befallenen Pflanzenteile und starten Sie einen neuen Versuch. Vorbeugend sollten Sie spätestens jetzt darauf achten, die Blätter beim Wässern nicht allzu sehr zu benetzen und zu dicht aneinandergewachsene Triebe auszudünnen. Ein luftiger Standort sorgt dafür, dass die Pflanze schneller abtrocknet, und reduziert so die Fäulnisgefahr.

Ein schöner Hingucker im Kräuterbeet:

die selbst gemachten Schilder.

Tipp:

Hingucker fürs Kräuterbeet:
Um Schildchen für Ihr Kräuterbeet zu basteln, benötigen Sie eine Spanplatte und einen Lötkolben. Zeichnen Sie zunächst die Namen der Kräuter mit Bleistift auf die Platte. Brennen Sie die Namen dann mit einem Lötkolben nach. Das Brett zum Schluss in Schildchen sägen und an passender Stelle in das Kräuterbeet einsetzen.

Blumen runden das Gesamtbild …

… des Gartens ab.

Auberginen: von Indien über Italien nach Deutschland

Auch dieses Gemüse ist ein Nachtschattengewächs und gehört genauso an warme, sonnige Standorte wie Peperoni. Bekannt sind vor allem die dunkelvioletten Früchte, die Sie am besten dann ernten, wenn sie langsam anfangen weich zu werden. Ab Mai dürfen sie im Kübel raus in den Garten, wo sie am besten an einem windigeren Plätzchen stehen.

Damit die von den Früchten schweren Triebe nicht abbrechen, sollten sie angebunden bzw. gestützt werden. Allzu ausladende Seitentriebe können Sie abschneiden, da sie dem Gewicht der sich entwickelnden Früchte sowieso nicht standhalten würden.

Nicht nur bei uns Menschen sind Auberginen beliebt. Die Pflanze ist auch auf dem Speiseplan des Kartoffelkäfers zu finden. Diese ungeladenen Gäste müssen inklusive der Larven per Hand von der Pflanze abgelesen werden. Auberginen sind sehr sensible Pflanzen: Sie brauchen viel Wasser und müssen wie ein rohes Ei behandelt werden. Vielleicht werden sie deshalb auch Eierfrüchte genannt?!

Die Kräuter der Provence im Stockbrot

Thymian, Rosmarin, Lorbeer, Bohnenkraut und Majoran sind die Hauptzutaten der Kräutergruppe, die nach ihrer südfranzösischen Herkunft als Kräuter der Provence bekannt sind. Geringere Zugaben von Basilikum, Salbei, Estragon u.a. machen zwar Geschmacksunterschiede aus, sind aber an dieser Stelle zu vernachlässigen.

Die Kräuter der Provence im Kübel neben dem selbst gemauerten Grill als Feuerstelle. Fehlt nur noch das Stockbrot, dem die Kräuter einen einzigartigen Geschmack verleihen.

Der Teig lässt sich ohne viel Aufwand vorbereiten:

Sie brauchen:

- 400 g Mehl
- 1/2 TL Salz
- 2 TL Backpulver
- 50 g Margarine
- 1/8 l Milch
- und die Kräuter der Provence

Vermischen Sie Mehl mit Salz, Backpulver und den Kräutern der Provence und kneten Sie Margarine so lange darunter, bis ein krümeliger Teig entsteht. Nun noch Milch zufügen und so lange weiterkneten, bis der Teig geschmeidig, aber fest wird. Kleine Teigstücke abteilen, zu ca. 15 Zentimeter langen Rollen formen und spiralförmig überlappend um die Stöcke wickeln. Benötigt werden etwas dickere Stöcke, deren Rinde im oberen Bereich abgeschält sein sollte.

Nun können Sie die Stöcke mit dem Brot unter regelmäßigem Drehen ca. 5 Minuten lang in die Flamme halten. Aber nicht zu schwarz werden lassen, denn das Stockbrot schmeckt hellbraun, knusprig geröstet am besten. Das Stockbrot etwas abkühlen lassen, vom Stock abziehen und gleich essen. Guten Appetit wünscht das „Mein Garten"-Team

Einige alte Bretter und Fliesen, die mal übrig geblieben sind ...

... fertig ist ein wunderbares Dekoelement für den Garten.

Tipp:

Ein Recyclingwunder: *Einfach aus alten Brettern einen Tisch zimmern und in der Wunschfarbe anstreichen. Dann alte Fliesen mit einem Handtuch bedecken, damit keine Splitter das Auge treffen, und mit einem Hammer kaputt schlagen. Die Tischplatte mit Fliesenkleber bestreichen und die Fliesenbruchstücke darauf verteilen. Ist der Fliesenkleber trocken, muss das Ganze nur noch verfugt werden: voilà ein Mosaiktisch.*

REGISTER

Der zweite Teil des erfolgreichen PC-Ratgebers